Parodies de chansons françaises

De Renaud à Cabrel
En passant par Cloclo et Jacques Brel

Du même auteur*

Certaines œuvres sont connues sous différents titres.

Romans

Le Roman de la Révolution Numérique
La Faute à Souchon : (Le roman du show-biz et de la sagesse)
Quand les familles sans toit sont entrées dans les maisons fermées
Liberté j'ignorais tant de Toi (Libertés d'avant l'an 2000)
Viré, viré, viré, même viré du Rmi !
Ils ne sont pas intervenus (Peut-être un roman autobiographique)

Théâtre

Neuf femmes et la star
Les secrets de maître Pierre, notaire de campagne
Ça magouille aux assurances
Chanteur, écrivain : même cirque
Deux sœurs et un contrôle fiscal
Amour, sud et chansons
Pourquoi est-il venu :
Aventures d'écrivains régionaux
Avant les élections présidentielles
Scènes de campagne, scènes du Quercy
Blaise Pascal serait webmaster
Trois femmes et un Amour
J'avais 25 ans
« Révélations » sur « les apparitions d'Astaffort » Brel Cabrel

Théâtre pour troupes d'enfants

La fille aux 200 doudous
Les filles en profitent
Révélations sur la disparition du père Noël
Le lion l'autruche et le renard,
Mertilou prépare l'été
Nous n'irons plus au restaurant

* extrait du catalogue, voir page 211

Stéphane Ternoise

Parodies de chansons françaises

De Renaud à Cabrel
En passant par Cloclo et Jacques Brel

Sortie numérique : 16 septembre 2011

Edition revue et actualisée en avril 2014.
Disponible en numérique et en papier.

Jean-Luc Petit éditeur - Collection Rimes

Stéphane Ternoise versant parodies de chansons :

http://www.**parodiesdechansons**.com

Tout simplement et logiquement !

Tous droits de traduction, de reproduction, d'utilisation, d'interprétation et d'adaptation réservés pour tous pays, pour toutes planètes, pour tous univers.

Site officiel : http://www.ecrivain.pro

© **Jean-Luc PETIT - BP 17 - 46800 Montcuq – France**

Stéphane Ternoise

Parodies de chansons françaises

En 1998, après avoir participé aux rencontres d'Astaffort de Francis Cabrel, m'être alors penché sur les textes de ses chansons, une idée que d'aucuns jugeraient peut-être saugrenue, m'a taraudé l'esprit : la nécessité d'améliorer ses paroles...
Ainsi naissait ma première parodie : *Petit Abruti*, sur *Petite Marie*.
C'était le début d'une grande aventure !
L'un de mes premiers sites Internet fut http://www.parodiesdechansons.com
Un instant crucial de ce parcours : fin 2006 début 2007, où les médias ont préféré ne pas accorder de place au *CD SARKOZY*, http://www.cdsarkozy.com, principalement constitué de parodies.
Avec la participation de Frédérique Zoltane, Stéphane David, Paul Glaeser, Christophe O'Neil et Patrice.
Faute de budget communication et vu l'état des médias, l'information n'est pas parvenue au grand public.
Depuis Benjy Dotti et Guillaume Ibot puisent parfois dans mes créations.

J'ai naturellement mes auteurs favoris. De Renaud à Alain Souchon, en passant par Francis Cabrel et Claude François. Ne serait-ce pas la variété des années 80 ?
Quand je m'attaque à une œuvre de Jacques Brel ou Georges Brassens, c'est toujours dans la perspective d'un hommage...

Des projets demeurent en phase de lancement, la série des JE NE SUIS PAS, de http://www.jenesuispasrenaud.com à http://www.jenesuispasjacquesbrel.com en passant par http://www.jenesuispassouchon.com et quelques autres.

Début 2011, au lancement de cette tentative de fournir en ebooks l'ensemble de mes écrits, il m'a semblé évident qu'un versant *parodies de chansons* devait y figurer. J'ai donc repris le document habituellement envoyé aux contacts d'artistes humoristes... pour réaliser qu'il était bien incomplet ! Alors, scrupuleusement, j'ai scruté les déclarations *sacem* et ces quelques sites consacrées aux parodies. 200 pages pour rire et réfléchir... en chansons… 2014, relecture et édition en papier... plus un texte d'actualité…

Stéphane Ternoise

- Renaud -

Hexagone 40 ans plus tard

Ils prennent les paris au mois d'janvier
Sur la dérive de nos finances
Le déficit de notre budget
Et sur le taux de la croissance
Les banalités les égrainent
Ils ont tout vu rien retenu
Ils se contredisent sans gêne
À fond opposants ou lèche-culs

Ils veulent d'la neige en février
Pas chez eux mais dans une station
Les vacances c'est fait pour skier
Et ajouter d'la pollution
La France est un pays magique
On s'en fout de l'environnement
Tant qu'on a des zones touristiques
On continue impunément

On attend l'printemps au mois d'mars
Les arbres fruitiers peuvent bourgeonner
Les bourdons se décarcassent
Mais faut des fruits pas qu'en été
Les cerises sortent des chambres froides
Elles ont la saveur de la mort
Les résidus de pesticides
Mais on les ingurgite encore

Vivre dans ce petit hexagone
C'est une chance on l'oublie souvent

Et si l'président nous couillonne
On peut l'virer sans verser d'sang

Ils réfléchissent au mois d'avril
Comparent les plages les gîtes ruraux
Dès qu'le soleil un peu scintille
Y'a plus qu'les vacances dans l'cerveau
I s'font quand même quelques manifs
Pour l'industrie automobile
Contre la hausse du rosbif
Les radars à l'entrée des villes

Des salariés joyeux en mai
Les jours fériés c'est leur grand soir
Ils défilent pour commémorer
Mais oublient tout dans l'isoloir
Ils votent comme leur télévision
Si faciles à manipuler
Il suffit d'manier l'émotion
Et on d't'donne les clés d'l'Elysée

Ils vérifient au mois de juin
Les RTT qu'ils ont d'jà pris
Ils voudraient une semaine au moins
Pour sortir d'la monotonie
Mais parfois ils ont l'regard sombre
Leur entreprise elle va moins bien
Ils pourraient bientôt être du nombre
Qui doit cesser de vivre grand train

Vivre dans ce petit hexagone
C'est une chance on l'oublie souvent
Et si l'président nous couillonne
On peut l'virer sans verser d'sang

Quoiqu'il arrive c'est en juillet
Qu'on a tous été des champions
Le football ça les fait vibrer
Le drapeau c'est leur religion
Leur Zidane ils en restent fiers
Même quand ils votent pour l'exclusion
L'incohérence est leur bannière
Mais au comptoir ils ont raison

Le mois d'août c'est fait pour bronzer
La canicule est ridicule
Si elle croit pouvoir les changer
Les crânes ils chauffent ou il brûlent
Même les marées noires s'en balancent
Pourvu qu'on leur nettoie une plage
Ils plongent en toute incohérence
Même dans l'uranium ils nagent

En septembre trouvent qu'on les bassinent
Avec les tours jumelles tombées
La carte du monde ils la dessinent
Bien au centre le drapeau français
Va pas les dire égocentristes
Ils se croient solidaires mais si
Ils vont aux concerts des artistes
Qui chantent pour la démocratie

Vivre dans ce petit hexagone
C'est une chance on l'oublie souvent
Et si l'président nous couillonne
On peut l'virer sans verser d'sang

Toujours les vendanges en octobre
Des pesticides dans les tonneaux

Faut pas critiquer les vignobles
Ce s'rait la ruine le tout bio
Ils ont pollué toutes les terres
Agriculteurs contre santé
C'est le triomphe pour le cancer
Nous f'ront tous crever ces tarés

En novembre plus d'salon d'l'auto
Mais y'a l'mur de Berlin tombé
Ça fait toujours vendre des journaux
Les chroniqueurs aiment célébrer
Depuis qu'ils savent se connecter
Ils téléchargent tout en cadence
Ils consomment la médiocrité
Passent à côté d'une grande chance

En décembre toujours leurs grandes causes
Foie gras père-noël et cadeaux
Ils soignent dans l'excès leurs névroses
Ils voudraient gagner au loto
Not' président vont l'écouter
Y'a raison d'nous prendre pour des pions
Mais moi j'voudrais le voir tomber
Comme Félix Faure au réveillon
Vivre dans ce petit hexagone
C'est une chance on l'oublie souvent
Et si l'président nous couillonne
On peut l'virer sans verser d'sang

Œuvre originelle : Hexagone (Renaud)

Putain d'élections 2007

Putain c'est trop con
Putain d'élections
Est-ce qu'on mérite ça
Après deux Chirac
Sarko qui débarque
En face, ils laissent faire ça

J'espère au moins qu'Sarko
Foutra Chirac au chaud

Delors manqua son destin
Jospin s'est fait Balladurien
Et la guerre des clans nous condamne aux clampins
Doit bien y'avoir quelqu'un d'bien
Pour sauver la gauche du déclin
Décontaminer nos ruisseaux nos chemins

Putain j'ai la rage
Contre ce naufrage
Et contre ce jour-là
Où faudra voter
Désillusionnés
En pensant à François

J'espère au moins qu'Sarko
Laiss'ra l'autre à Bordeaux

La France regarde ses pantins
Qui f'raient tout même pour un strapontin
Un peu partout y'a pourtant du bon grain
Sans écurie bin t'es rien
Les promesses restent sans lendemain
Putain d'clampins, putain d'coquins, d'comédiens

Voter on aimerait bien
S'comporter comme de vrais citoyens
Putain d'clampins, putain d'coquins, d'comédiens

Œuvre originelle : PUTAIN DE CAMION
Auteurs : Renaud Séchan
Compositeur : Franck Langolff
Interprète originel : Renaud Séchan

Cette chanson est interprétée par Christophe O'Neil, dans le *CD SARKOZY SELON TERNOISE.*

Germaine Carla

Elle habitait Carla
Un clapier de bourgeois
Quelque part dans l'seizième
Très loin des HLM
Les montres de chez Cartier
La déco Pompadour
Champagne à volonté
Et disons des p'tits fours
On y passait parfois
Elle disait souvent oui
Sauf quand un Guevara
Mich Jaeger ou Johnny
Reprenait Téléphone
Même en désaccordé
Ou un baby Alone
Pour la faire chavirer

Carla, Carla, un câlin ou un bécot
Les membres de la sacem, pour te crier je t'aime
Improvisent au piano
Carla, Carla, d'la philo et des jeux de mots
C'est toujours un problème, comment te dire je t'aime
sans diamants ni euros

Ça sentait l'fric chez elle
Le bio d'Italie
On la disait rebelle
Brisée de nostalgies
Elle écoutait Malher
Pour noyer son chagrin
Se voulait solitaire
Quand elle plaquait quelqu'un

On en était tous fous
Même le regard lubrique
On s'disait qu'un mois d'août
On verrait l'Amérique
Enfin bref chez Carla
On croyait en sa chance
Quand elle parlait tout bas
Quand elle rimait romance

Carla, Carla, un câlin ou un bécot
Les membres de la sacem, pour te crier je t'aime
Improvisent au piano
Carla, Carla, d'la philo et des jeux de mots
C'est toujours un problème, comment te dire je t'aime
Sans diamants ni euros

Mais quand elle a choisi
Un clampin pas comme nous
Un qu'on disait enn'mi
Qu'elle l'a pris pour époux
En haut d'la tour Eiffel
Y'a des chanteurs sans joie
Orphelins d'leur Soleil
Ils chantent une dernière fois
Peuvent pas croire qu'elle soit folle
Qu'elle soit plus comme avant
À moins qu'elle joue un rôle
Comme final'ment souvent
On s'repasse Téléphone
Mais c'est du réchauffé
On peut rire un peu jaune
De notre destinée

Carla, Carla, un câlin ou un bécot
Les membres de la sacem, pour te crier je t'aime
Improvisent au piano
Carla, Carla, d'la philo et des jeux de mots
C'est toujours un problème, comment te dire je t'aime
Sans diamants ni euros

Œuvre originelle : Germaine (Renaud)

Société j'suis à toi

Y'a eu Jordy avant moi
Y'a eu Sylvie avant lui
Après moi j'vous dis pas
Après moi c'est pas fini
On appelle ça la variété
Et je ne vois pas pourquoi
J'pourrais pas en profiter
Avoir un succès à moi

J'ai baisé 10 fois, 100 fois
J'ai hurlé même sans joie
J'ai fait c'qu'un chien ne f'rait pas
Juste pour signer un contrat
Société, société
Je suis à toi

J'ai applaudi bien des croûtes
J'ai connu bien des crétins
Partout on cherche la bonne route
On occupe les strapontins
J'ai vu c'qu'on faisait des filles
Dès qu'elles prennent des petites formes
J'ai joué au mec viril
Qui s'laisse croquer comme une pomme

J'ai baisé 10 fois, 100 fois
J'ai hurlé même sans joie
J'ai fait c'qu'un chien ne f'rait pas
Juste pour signer un contrat
Société, société
Je suis à toi

J'ai joué au bon camarade
Tendu la main aux copains

Mais quand y'a plus de salade
C'est chacun pour son boursin
J'ai vu comment s'y prenaient
Ceux qui vivent comme des rois
Adulés à la télé
Mais pas plus cultivés que moi

J'ai baisé 10 fois, 100 fois
J'ai hurlé même sans joie
J'ai fait c'qu'un chien ne f'rait pas
Juste pour signer un contrat
Société, société
Je suis à toi

Demain j'touch'rai le gros lot
Invité sur les plateaux
Car la variété vaincra
Le ruisseau refleurira
Mais en attendant, je tente
De me faire refaire la gueule
Je fais trop années soixante
J'plais pas du côté d'Auteuil

J'ai baisé 10 fois, 100 fois
J'ai hurlé même sans joie
J'ai fait c'qu'un chien ne f'rait pas
Juste pour signer un contrat
Société, société
Je suis à toi

Œuvre originelle : SOCIETE TU M'AURAS PAS
Renaud 1975

Deuxième génération Sarkozy

J'm'appelle Junior et j'ai 20 ans
J'vis chez mon vieux à l'Elysée
J'ai mon BEP politique
J'suis un actif, j'sais me r'muer
J'suis un élu d'la République
Sainte Neuilly m'a ovationné

J'suis pas encore son député
Parait qu'c'est à cause de mon âge
La prochaine fois j'me présent'rai
Pour cumuler les avantages
Tu sais qu'Conseiller Général
Papa m'a dit que c'est génial

J'ai rien à gagner, tout à prendre
C'est beau la vie
J'aime ce décor Disneyland
J'aime ces gens couchés
J'aime être servi
J'aime tout c'qui vous manque
Le confort et l'crédit

Papa voulait bien me marier
Avec une fille comme sa Carla
Une princesse avec une belle bouche
Une qu'y'a des trésors à la louche
Enfin tu vois une fille sympa
La fille Darty j'l'ai emballée

Quand on me traite de m'as-tu vu
Je prends l'accent qu'vous connaissez
Même si ça se passe en pleine rue
J'hésite jamais à m'expliquer

Même le troupeau qui est perdu
Faut lui apprendre à bien voter

J'ai en stock quelques proverbes
Pour fermer le bec aux neuneus
Papa m'a donné ses combines
C'est mon héros il est superbe
Si parfois j'l'appelle mon vieux
C'est pour faire rire tu l'imagines

Je suis un jeune homme en smoking
Dont l'avenir est tout tracé
C'est vrai que mon ciel il est tout bleu
Comme m'a dit un jour une Delphine
Dans sa Porsche je l'avais baisée
Tu vois j'suis un jeune de banlieue

Y'a un autre truc qui m'branche aussi
C'est les stars de toutes sortes
Mireille jusqu'à la star du rock
Mais pas c'qu'ils écoutent dans les caves
Moi j'y vais pas y'a des souris
Y'a même parfois des betteraves

Si tu trouves ma chanson débile
C'est que t'es pas de ma République
J'ai eu Rimbaud dans mon cartable
Et mes rimes en ville elles brillent
J'suis un fan de Stenlay Kubrick
Et de Carla ça c'est normal

Des fois on m'dit qu'à trois mille bornes
De ma Neuilly y'a un pays
Avec les Bush à imiter
Ici y'aura les Sarkozy

Papa deux fois il va gagner
Et junior est super en forme

Alors comme je crois en l'avenir
J'me rime avec démocratie
Papa lui n'voudrait pas vieillir
N'veut pas qu'je l'pousse vers la sortie
Dans mes jambes j'ai comme des fourmis
Je suis comme tous les Sarkozy

Œuvre originelle :
Deuxième génération (Renaud Séchan)

Les Sarkos

On les appelle mondains mondaines
Ou clan Sarkos dans les webzines
On sait qu'ils vivent loin des HLM
Qu'ils connaissent tout des bonnes combines
Z'ont sûrement des échasses
Tellement ils nous regardent de haut
Les disent toutes neuves, leurs vieilles godasses
Regardez-les tout nouveau tout beau
Et leurs artistes caviars pas d'en bas
Le come-back c'est leur seul crédo
Ça piaffe dès qu'ça voit du média
Sans les retouches gare aux photos !

Les Sarkos, Les Sarkos,
Les Sarkos, Les Sarkos

Sardou j'peux pas le blamer
Son cœur n'a jamais battu à gauche
Johnny c'est un obstiné
S'r'ait prêt à partir au Cambodge
Si y'a pas d'impôts à payer
Barbelivien ça fait bien cinquante ans
Qu'il veut rev'nir à la télé
I peut faire chanteur, pour mal entendant

Se retrouvent dans un grand restaurant
Parlent d'implants et de faux biscotos
Ils pédalent qu'en appartements
Comme les bobos font du vélo

Les Sarkos, Les Sarkos,
Les Sarkos, Les Sarkos

Bernard Tapie s'est mis dans l'rang
Ma femme me dit qu'elle comprend pas
Prie pour l'retour de Mitterrand
S'il gagne ses procès tu comprendras
Ils rient avec Christian Clavier
Ou quand Artur marche sur les mains
Font des mimiques sur TF1
Ont même leurs minorités
J'comprendrai jamais Enrico
Faudel qu'est-ce qu'il doit s'emmerder
D'écouter le Doc Gyneco

Les Sarkos, Les Sarkos,
Les Sarkos, Les Sarkos

Z'ont même un type philosophie
André Glu je retiens jamais
J'l'imagine avec Sarkozy
Comme de la Suze dans le café
Pensent tous travailler à leur gloire
Sans savoir qu'la gloire s'en fout
Des combines et des Bigards
Z'auraient fait pareil avec Bayrou
Ç'aurait pu être pire pardi
Delanoé Gilbert Bécaud
Auraient sablé le Pastis
Avec Ruquier et Denisot

Les Sarkos, Les Sarkos,
Les Sarkos, Les Sarkos

Tous ils applaudissent Mireille
La ressuscitée du troupeau
Sa *Marseillaise* elle fut nickel

Les veaux parfois frétillent du museau
La gauche peut pas tell'ment critiquer
Z'avaient Dalida et Ribeiro
Maint'nant z'ont les bobos friqués
Moi j'crois tout simplement qu'il faut
Savoir garder plume très très fine
Savoir rester du côté show
J'suis pas à l'abri, j'm'imagine
Comme pantin d'Bayrou ou d'Ségo

Œuvre originelle :
Les bobos (Renaud Séchan)

Gérard Lambert 25 ans plus tard : mister Lambard

21 avril 02
Dans la banlieue où il vieillit
Au volant d'sa vieille 4 L verte
Gérard Lambert retourne chez lui
Quand il croise des mobylettes
Sûr qu'il sourit
I s'dit qu'en 25 ans l'décor
C'est pas une grande révolution
Sauf les p'tits beurs, il leur donne tort
L'aime pas leurs danses, pas vous ? Ah, bon
Gérard Lambert roule très vite
Is'souvient d'sa première chanson
Gérard Lambert va prendre une cuite
Il est pas fier dans son blouson
I s'dit qu'il est d'ces gens qui votent
Comme des cons
Dans la cité c'est un vrai drame
Tout le monde a pris le virage
Même les anciens d'paix au Vietnam
On dirait que tous ont la rage !

T'aurais pas dû mister Lambard
Hier soir acheter du pastis
T'aurais mieux fait d'aller revoir
La p'tite Alice

D'puis qu'a brûlé sa SIMCA 1000
Les politiques il les maudit
C'est d'leur faute les bidonvilles
Et tous ses potes ils pensent comme lui
Leur refrain c'est "on a la haine
Et on s'ennuie

Qu'est-ce qu'on peut faire, bordel de Dieu ?"
C'est ainsi qu'il s'est décidé
Pas voter pour que ça aille mieux
Mais pour dire qu'on est dégoûté
Dans l'rétro il aime pas ses yeux
I's'dépêche pour s'vider une gniole
Et pis après, une bière puis deux
Comme ça, tranquillement, sans plaisir
Faut bien qu'la honte passe comme elle peut
L'vla énervé

I va s'faire un cocktail à lui
Avec ça un belge peut qu'vomir
Mais lui c'est son titre de gloire
Son estomac de vrai ch'ti mi

T'aurais pas dû mister Lambard
Hier soir acheter du pastis
T'aurais mieux fait d'aller revoir
La p'tite Alice

Alors pendant un bon quart d'heure
Il ingurgite sa ratatouille
Puis il s'endort comme un branleur
La tête effondrée sur les coudes
Quand soudain une clameur se lève
Putain d'télé
À c'moment-là un type plastronne
Un vieux roublard aux cheveux blonds
Et qui dit il faut me suivre
Votez pour changer la nation
Votez pour moi vous serez libres
On n'vol'ra plus les mobylettes
Les flics pourront jouer du calibre

On f'ra des charters des brouettes
D'abord ce s'ront les maghrébins
Ou les Youpins

Alors d'un coup d'clé à molette
Bien placé où il se peut que
Mister Lambard éclate la tête
D'la télé aussi un peu

Faut pas narguer Gérard Lambert
Quand y s'sent du camp malhonnête
C'est la morale de la saison
Moi elle me fouette
Pas vous ? Ah, bon...

Œuvre originelle :
Les aventures de Gérard Lambert (Renaud Séchan)

- Hugues Aufray -

C'est un fameux Sarko

C'est un fameux Sarko fin comme un poireau
Un peu trop ! Démago
UMP, un sacré radeau
Il est fier d'y être tout en haut
Tiens bon l'karcher et tiens bon « du vent »
Un peu trop ! Démago
Si France veut, il s'ra président
Amplifiera le sacré fiasco

Il part pour de longs mois en laissant Beauvau
Un peu trop ! Démago
Serrer la main même des poivrots
Leur promettre à tous un beau vélo
Tiens bon l'karcher et tiens bon « du vent »
Un peu trop ! Démago
Si France veut, il s'ra président
Amplifiera le sacré fiasco

On prétend que partout on veut voir Sarko
Un peu trop ! Démago
Il séduit même le populo
Acclamé comme un nouveau Charlot
Tiens bon l'karcher et tiens bon « du vent »
Un peu trop ! Démago
Si France veut, il s'ra président
Amplifiera le sacré fiasco

Un soir à Ségolène sortira ses couteaux
Un peu trop ! Mafioso

Si tu r'fuses ses idéaux
Il t'offre le billet du cargo
Tiens bon la Tchatche et tiens bon le flow
Un peu trop ! Démago
Sarko ni pavot ni tête de veau *
Son quinquennat serait un fiasco

* référence au repas prétendu préféré de Jacques Chirac : la tête de veau

Œuvre originelle : Santiano (J. Plante / D. Fisher)
Interprète originel : Hugues AUFRAY

Cette chanson est interprétée par Stéphane David, dans le *CD SARKOZY SELON TERNOISE.*

Sarkozo Santiano

C'est un fameux Sarko fin comme un poireau
Un peu trop ! Démago
Elysée, un sacré radeau
Il est fier d'y être tout en haut
Tiens bon l'karcher et tiens bon « du vent »
Un peu trop ! Carlito
On l'a choisi comme président
Nos idéaux sont que du pipeau

Ses fans croyaient voir gouverner un héros
Un peu trop ! Sarkozo
Il distribue quelques cadeaux
Surtout à ses amis libéraux

Un mauvais acteur qui fait son numéro
Un peu trop ! Démago
Il déçoit même ses porte-drapeaux
À part peut-être la miss Parisot
Tiens bon l'karcher et tiens bon « du vent »
Un peu trop ! Bling-bingo
On l'a choisi comme président
Mais il veut manger tout le gâteau

Un soir à Ségolène a sorti ses couteaux
Un peu trop ! Mafioso
Si tu r'fuses ses idéaux
Il t'offre le billet du cargo
Tiens bon la Tchatche et tiens bon le flow
Un peu trop ! Aristo
Pour la parodie c'est rigolo
Son quinquennat sent déjà l'fiasco

Œuvre originelle : Santiano (Hugues Aufray)
(J. Plante / D. Fisher)

Adieu, monsieur le magouilleur

Les élus ont une nouvelle idole
Et le vieux battant n'y croit plus
Demain il va quitter son plus beau rôle
Sur cette estrade, il ne mentira plus

Adieu, monsieur le magouilleur
On ne vous regrett'ra jamais
Et comme nous avons d'la rancœur
Nous sommes tous prêts à témoigner
Que vous lisiez sur un prompteur
Que vous nous avez tous forcés
On ne vous regrett'ra jamais
Adieu, monsieur le magouilleur

Voudrait bien serrer quelques mains
Seul, comme Giscard, se sent rassis
Il en a vus défiler, des pantins
Qui vivent sur le dos d'la démocratie

Adieu, monsieur le magouilleur
On ne vous regrett'ra jamais
Et comme nous avons d'la rancœur
Nous sommes tous prêts à témoigner
Que vous lisiez sur un prompteur
Que vous nous avez tous forcés
On ne vous regrett'ra jamais
Adieu, monsieur le magouilleur

Bien sûr il tient à ses derniers rêves
Persuadé qu'il pourrait gagner
Être le recours, père du peuple qui se lève
Une dernière fois les pantins vont baver :

Adieu, monsieur le magouilleur
On ne vous regrett'ra jamais
Et comme nous avons d'la rancœur
Nous sommes tous prêts à témoigner
Que vous lisiez sur un prompteur
Que vous nous avez tous forcés
On ne vous regrett'ra jamais
Adieu, monsieur le magouilleur

Œuvre originelle : *Adieu, monsieur le professeur*
Interprète originel : AUFRAY HUGUES

- Francis Cabrel -

Les promesses et la réalité Sarkozy

T'avais des slogans d'enfer
On devait tous s'enthousiasmer
Elles seraient finies les galères
T'as gagné

C'était la fin de la vie chère
La France allait triompher
Suffirait d'le dire pour le faire
T'as parlé

Un sourire une main tendue
T'es le champion des apparences
T'es même le roi des m'as-tu-vu
Ça balance

Il ne s'agit plus de jouer au Zorro
Y'a du concret sur ton bureau
Laisse ta Carla à son piano
Faut qu'elle danse

Travailler plus réfléchir moins
Le patronat se frotte les mains
On est tous des pantins
Entubés

Un rêve c'est vite rompu
Les sondages peuvent encore descendre
On retrouve parfois des statues
En cendres

Quand on sera tous dans la rue
Peu importe le prix de l'essence
On march'ra pour être entendu
En cadence

On sait t'as d'autres choses à faire
Tes belles montres à regarder
Et quand t'éteins la lumière
On sait

Maintenant que tu as la place
Tu te prélasses dans les palaces au soleil
Tu te crois encore super
Mais on te sait que superficiel

Maintenant qu'on est dans l'impasse
Hausse du pain, de l'eau, de tout et de l'essence
Le monsieur inefficace
Dit c'est pas moi c'est l'soleil

J'vois pas comment on pourrait faire
À part tous se mettre à chanter
Puisqu'il aime les prières
J'essaie

Y'a plus qu'à être des économes
Regarder le prince et sa donzelle
Comme avant les droits de l'Homme
Quelle merveille !

Œuvre originelle : *La robe & l'échelle* (Francis Cabrel)

On s'moque de mes chansons

C'est l'insolence Truffée de sous-entendus
Des auteurs inconnus mais têtus
Pratique ancienne
D'un pays frondeur
Quelques fripons
Se moquent de mes chansons

Les droits sacem
Des parodies même tordues
Même des blasphèmes
Les fripons touchent les résidus
Mais mon image s'englue
Même chez Ardisson
On s'moque de mes chansons

Si quelqu'un perce
Avec ces textes incongrus
On dira qu'mon temps est révolu
Que le ruisseau déborde
Paraît qu'même les poissons
Se moquent de mes chansons

Des mots de fans
M'ont bien réconforté
M'ont supplié de continuer
M'croient meilleur que Lalanne
Voudraient m'voir décernée
La prochaine chanson de l'année

Comment me défendre
Mes rimes, mon accent à nu
Des gens de lettres

Qui veulent me mettre hors-circuit vois-tu
À la retraite plus bon
On s'moque de mes chansons

Les droits sacem
Des parodies même tordues
Même des blasphèmes
C'est moi qu'y'ai presque tout eu
Mais ma patience déborde
Même chez Fochon hors-saison
On s'moque de mes chansons

Des mots de fans
M'ont bien réconforté
M'ont supplié de continuer
M'croient meilleur que Lalanne
Voudraient m'voir décernée
La prochaine chanson de l'année

Œuvre originelle :
Hors-Saison (Francis Cabrel)

J'suis l'roi du gnangnan

Moi j'étais gnangnan
Tout le monde rigolait
Et puis mine de rien
V'la qu'la gnangnanterie
Envahit l'pays
L'opium du prolo
J'fais la une des journaux
Sur tous les plateaux
On aime mon accent
Et même mes boniments
J'suis l'roi du gnangnan

Pour faire monter les chiffres
Qui font pâlir mon banquier
Je fais rimer ma vie
En sirènes de pompier
J'pourrai faire pire
Mais j'vis pas sous les ponts
J'peux m'ach'ter Cordes en Ciel
Ça rapporte du pognon
Plus que d'vendre du miel
Suffit d'dire gnangnan
J'suis l'roi du gnangnan

gnangnan gnangnan gnangnan gnan
gnangnan gnangnan gnangnan gnangnan
gnangnan gnangnan gnangnan gnan
gnangnan gnangnan gnangnan gnangnan

Les fêtes à neuneu
Pêches à la sardine
Repas des p'tits vieux

Bruit d'fond dans la cuisine
J'suis l'roi du gnangnan
À moi les rubans
On peut m'imiter
Mais je l'ai fait avant
Je s'rais toujours le premier
J'suis sans concurrent
J'suis l'roi du gnangnan

J'fais ma petite popote
Je dis n'importe quoi
Ceux qui disent que j'radote
Sont des jaloux de moi
J'suis l'roi du gnangnan
Je veux juste la gloire
Pas besoin de philosopher
Il suffit d'en vouloir
Je dois juste essayer
De garder mon rang
De pas trop faire rire (bis)
J'suis l'roi du gnangnan

gnangnan gnangnan gnangnan gnan
gnangnan gnangnan gnangnan gnangnan
gnangnan gnangnan gnangnan gnan
gnangnan gnangnan gnangnan gnangnan

Œuvre originelle :
Je l'aime à mourir (Francis Cabrel)

Pire qu'un âne

On croyait que de rimer amour
Avec toujours
Ça faisait p'tit rimailleur
Ça faisait toujours lourd
Et puis Cabrel fait un malheur
Comme un sous Frédéric François
La variété est en émoi
Depuis ça

Le public est content
Il a raison toujours
Dit c'lui qui arrive
À vendre des CD comme des p'tits fours
Les autres disent qu'il est pire qu'un âne
Aussi futile qu'une sarbacane
Et qu'il achète n'importe quoi
Même ça

Plus besoin d'idées ni de calembours
Si t'es souriant et qu'tu rimes amour

Finis les quatrains des mélomanes
Ciselés pour le cœur de Roxane
Tout le monde chante n'importe quoi
Depuis ça

Plus besoin d'idées ni de calembours
Si t'es souriant et qu'tu rimes amour

Pourvu que personne ne ridiculise
Les rimailleurs au bonnet d'âne
Qui s'en donnent à tiroir caisse joie
Depuis ça

Alors me voilà p'tit profane (ou bout de femme)
En révolte contre tous ces ânes
Si comme moi tu as la vraie foi
Défends-moi
Défends-toi

Œuvre originelle :
SARBACANE (Francis Cabrel)

Pas trop de peine

Moi quand j'avais quatorze ans
La variété d'ici
C'était toute ma vie
J'venais de découvrir Cabrel
Sur les conseils d'une belle
Cette princesse m'avait dit
Et mes parents en parlèrent pareil
C'est le fils du grand Jacques Brel
Ils ajoutèrent "on n'voit plus que ça
Tous ces fils à papa"

Quand je suis arrivé au lycée
Les fans d'AC-DC
Ils me riaient au nez
Moi je disais "soit pas bête
Francis en a dans la tête
C'est pas un p'tit frimeur
C'est pas du cinéma
C'est vraiment quelqu'un de l'intérieur
Qui chante pour nous donner du bonheur
Il est vraiment comme ça"

Ça m'a pas fait trop de peine
Quand il est passé chez le coiffeur
Le plus important
C'est qu'il reste le même
Qu'il continue tout le temps
À donner des graines de bonheur
Pour moi c'était le plus grand
J'avais des yeux d'enfant

Et j'ai fait pas mal de détours
Du côté de Thiéfaine
Du côté de l'Amour
Chaque coquette a sa vedette
Te la met dans la tête
Finalement tu aimes
Mais à chaque nouvelle galette
Il redevenait
Celui que j'osais appeler "maître"
Roi de la chansonnette

Ça m'a pas fait trop de peine
Quand près de chez lui j'ai un peu touché
La réalité
Finalement sa vie
N'est pas comme je l'imaginais
On n'a pas parlé de philosophie
En rentrant je me suis dit
Les idoles de l'enfance
Durent pas une vie
C'est ainsi qu'on grandit

Œuvre originelle :
Pas trop de peine (Francis Cabrel)

Demis

J'étais déjà bien titubant
Avant que l'on m'entraîne
Je tournais comme un serpent
Autour du comptoir d'Eugène
C'était facile de m'entraîner
J'ai vidé un dernier Pernod
J'ai vu mes yeux dans la glace
Pour me les trouver encore beaux

Il m'a dit maintenant tu fais comme moi
Tu bois de la bonne bière
Il m'a dit pour les hommes c'est mieux que la soupe
C'est c'qui nous rend plus fier
On s'est payé quelques dizaines de pots
Moi j'trouvais la vie vraiment belle
Avec mon nouveau poteau
On était une bande de vrais rebelles

Oh demis, j'suis tout blanc
Ta mousse m'enterre
J'ai 'core tes bulles sous les dents
Et un goût plus qu'amer
Tout c'qu'il en reste à présent
Des traces de vomi par terre
Pas envie de sortir cette nuit

Je suppose j'aurais dû me cuiter
Comme chaque jour au Ricard
Et t'empêcher de tout mélanger
Depuis j'ai les deux mains qui tremblent
Ce soir quand même j'ai compris
Seuls Pernod et Ricard s'assemblent
Pour tenir la nuit

Œuvre originelle : ROSIE (Francis Cabrel)

Un queutard

Y'a les robes blanches qui s'effilent
Y'a l'envie qui t'accroche à ces fils
Quand t'es dans la zone tu bouges en douceur
Tu ne veux surtout pas qu'elles s'apeurent
Et s'il le faut tes mains tremblent
Pour qu'elles sentent que t'es un tendre
Même avec les filles difficiles
T'as la technique qui les enfile

Avec celles dont tu es l'idole
Tu siffles et elles s'affolent
Et quand l'excitation retombe
T'ajoutes un à ton carnet de nombres

Est-ce que tu as le cœur encore pire qu'une usine
Où tout ce qui s'y agglutine se calcine
Dès qu'tu propulses ton projectile
Entre les dociles hanches qui vacillent

Toi t'es un queutard
Toi t'es un queutard
Tu veux voir les blondes les rousses les brunes livides
C'est pour ça que t'accours toujours au mot femme
torride
Toi t'es un queutard
Toi t'es un queutard

Tu dis que ça vaut bien un effort
D'oublier quelques instants la mort
D'être encore plus libre que dans le sommeil
Même si dès que tu te réveilles
Tu veux plus les avoir sur le dos les jolis démons
Tu sors quelques mots en verlan raisons bidons

Tu sais que t'es comme une anguille
Partout partouze tu te faufiles

Toi t'es un queutard
Toi t'es un queutard
Tu veux voir les blondes les rousses les brunes livides
C'est pour ça que t'accours toujours au mot femme
torride
Toi t'es un queutard
Toi t'es un queutard

Tu dis que tu connais la femme par cœur
Et que tu préfères ses cris à ses odeurs
Que si un jour plus de starlettes
T'iras en chercher jusqu'aux bas fonds de la planète
Et tu dis que tu vibres quand les visages s'avancent
Et que la tendresse te laisse en transe.
Et que t'es jamais aussi fébrile
Que quand les robes blanches s'effilent

Toi t'es un queutard
Toi t'es un queutard
Tu veux voir les blondes les rousses les brunes livides
C'est pour ça que t'accours toujours au mot femme
torride
Toi t'es un queutard
Toi t'es un queutard

Œuvre originelle :
un chauffard (Francis Cabrel)

J'ai failli mourir

Moi je n'aimais rien
Tout m'était de l'ennui
Je tournais pas bien
Plus de sommeil la nuit
J'ai failli mourir
Bin oui me détruire
J'étais tout l'temps à plat
J'pouvais même plus courir
Ils tombaient mes bras
J'aurais bien voulu fuir
J'ai failli mourir

Mais j'ai trouvé le remède
Bien mieux qu'le séjour Club Med
Quelque chose pour la vie
Et à tout petit prix
Un abonnement
aux chaînes satellitaires
Les bouquets numériques
C'est mon Amérique
De loup solitaire
Ça me fait jouir (bis)
J'ai failli mourir

Ils ont dû nous étudier
Les perturbés névrosés
Ils ont dû nous étudier
Pour tout ça, nous le proposer

Du foot à la pelle
Tous les championnats
Des séries des belles

Bien sûr du cinéma
Des documentaires
Des infos d'enfer
En plus on s'instruit
Même sur la vie des truies
Dire que ce nirvana
J'ai failli l'louper
J'ai failli mourir

J'ai retrouvé l'envie
D'sourire à la vie
Peut-être même qu'un jour
Une chaîne de télé
J'vais m'en payer une
Maintenant que j'sais
Parfaitement bien zapper
Qu'un chanteur retraité
A b'soin de s'occuper
Mais j'oublierai jamais
J'ai failli mourir

Ils ont dû nous étudier
Les perturbés névrosés
Ils ont dû nous étudier
Pour tout ça, nous le proposer

Œuvre originelle :
Je l'aime à mourir (Francis Cabrel)

Petit abruti

Petit abruti, j'te montre du doigt
Parce qu'avec ta nasillarde voix
Tes grosses nazineries, tu déverses sur nos vies
Des tas d'ecchymoses

Petit dégarni, je lutte contre toi
Pour que dans cinq dix ans de ça
On puisse encore dans c'pays, parler de démocratie
Et rire de ta névrose

Moi je viens de Dreux et des affreux entre eux
Ne jurent que par toi
D'un milicien qui fait jouer des mains
Et engrange des voix
Ils rient des fours en rêvant de leur retour

Petit d'jà moisi, je t'entends gentil
Sous le masque du type courtois
Avec quelques salades, des poses bon camarade
Des démocrates se soudoient

Petit dégarni, tu t'vois en kaki
Tu te dis je fais le poids
Dehors les hybrides, d'abord on intimide
Ce pays faut qu'on le nettoie

Je viens de Vitrolles et des banderoles affolent
Ils le voient déjà roi
Le milicien qui fait jouer des mains
Et engrange des voix
Ils rient des fours en rêvant de leur retour

Dans *Le Penombre* où tu rues

Petit abruti m'entends-tu ?
Devant toi on va pas s'aplatir (bis)

Œuvre originelle :
Je l'aime à mourir (Petite Marie)

En ce temps-là, à Astaffort, je rencontrais parfois Francis Cabrel... je lui avais montré cette parodie.
Réponse "pas de problème."

- Michel Polnareff -

On vot'ra tous pour Sarkozy

On vot'ra tous pour Sarkozy, même moi
Qu'on soit coco ou qu'on soit Ségo, on vot'ra
Tous les anars et tous les clochards
Tous les prolos et tous les bobos
On vot'ra tous pour Sarkozy

On vot'ra tous pour Sarkozy, même moi
Qu'on soit chipie ou qu'on soit nanti, on vot'ra
Avec l'UMP et ses pantins
Les vieux chiraquiens les nains d'jardins
On vot'ra tous pour Sarkozy

Il faut qu'la France se sarkozyse
Qu'la pensée unique se réalise
N'ayez pas le moindre état d'âme
La prochaine fois votez comme des ânes,
                              qui s'laissent faire

On vot'ra tous pour Sarkozy, même moi
Qu'on soit vert ou qu'on soit nucléaire
Qu'on ait lu ou non le Capital
Qu'on soit d'Montcuq ou d'la capitale
On vot'ra tous pour Sarkozy

On vot'ra tous pour Sarkozy, même moi
De second tour y'en aura pas, on vot'ra
Le parti unique, ça nous va si bien
Tous dans l'même bain avec les requins
On vot'ra tous pour Sarkozy

On vot'ra tous pour Sarkozy, même moi
Qu'on soit coco ou qu'on soit Ségo, on vot'ra
Tous les anars et tous les clochards
Tous les prolos et tous les bobos
On vot'ra tous pour Sarkozy

Œuvre originelle : ON IRA TOUS AU PARADIS

Auteur DABADIE Jean-Loup
Compositeur POLNAREFF MICHEL
Editeur EDITIONS ET PRODUCTIONS FREE DEMO
Sous Editeur EMI MUSIC PUBL FRANCE
Interprète POLNAREFF MICHEL

On vot'ra tous pour Johnny

On vot'ra tous pour d'Jo-ho-ny, même moi
Qu'on soit coco ou qu'on soit Ségo, on vot'ra
Tous les anars et tous les clochards
Tous les prolos et tous les bobos
On vot'ra tous pour d'Jo-ho-ny

On vot'ra tous pour d'Jo-ho-ny, même moi
Qu'on soit chipie ou qu'on soit nanti, on vot'ra
Avec l'UMP et ses pantins
Les vieux chiraquiens les nains d'jardins
On vot'ra tous pour d'Jo-ho-ny

Il faut qu'la France se d'Jo-ho-nyse
Que la pensée rock se réalise
N'ayez pas le moindre état d'âme
La prochaine fois votez comme des ânes, qui s'laissent faire

On vot'ra tous pour d'Jo-ho-ny, même moi
Qu'on soit vert ou qu'on soit nucléaire
Qu'on ait lu ou non le Capital
Qu'on soit d'Montcuq ou d'la capitale
On vot'ra tous pour d'Jo-ho-ny

On vot'ra tous pour d'Jo-ho-ny, même moi
De second tour y'en aura pas, on vot'ra
Le parti unique, ça nous va si bien
Tous dans l'même bain avec les requins
On vot'ra tous pour d'Jo-ho-ny

On vot'ra tous pour d'Jo-ho-ny, même moi
Qu'on soit disco ou qu'on soit rétro, on vot'ra
Tous les rappeurs et tous les loubards

Tous les prolos et tous les bobos
On vot'ra tous pour d'Jo-ho-ny

Œuvre originelle : ON IRA TOUS AU PARADIS

En fait, il s'agit d'une histoire, un sketch, où l'UMP cherche le meilleur candidat pour 2012. Après avoir pensé à l'ensemble des barons... tellement impopulaires... le nom de Johnny sort du chapeau. Rock and Roll !

- Carla Bruni -

Ternoise m'a dit

On me dit que si l'on s'impose certaines choses
La vie passera de névrose à toute rose
On me dit qu'elle sera à la une ma photo
Que l'on m'invitera sur tous les plateaux
Pourtant Ternoise m'a dit

Que l'on pouvait encore
Non sans effort dessiner son propre décor
Serait-ce possible alors ?

On me dit qu'les grands manitous s'en foutent de nous
Ce qu'ils nous demandent c'est qu'on leur ramène des
sous
On m'dit qu'les gosses de stars sont prioritaires
Qu'il faut du piston et plaire aux intermédiaires
Pourtant Ternoise m'a dit

Que l'on pouvait encore
Non sans effort dessiner son propre décor
Serait-ce possible alors ?

Mais qui m'a donc dit qu'aujourd'hui la chirurgie
Peut sculpter un corps à la Carla Bruni
Il suffit de payer puis après de jouer l'jeu
Je l'avoue, c'est tentant, la gloire mérite concessions
J'oublie qu'Ternoise m'a dit

Que l'on pouvait encore, mais p't-être plus aujourd'hui
Que l'on pouvait encore, serait-ce possible alors ?

On me dit que si l'on s'impose certaines choses
La vie passera de névrose à toute rose
On me dit qu'elle sera à la une ma photo
Que l'on m'invitera sur tous les plateaux
Pourtant Ternoise m'a dit

Titre de l'Œuvre originelle :
Quelqu'un m'a dit (Carla Bruni)

Première version de l'adaptation.
Carla Bruni était alors un ex-mannequin, une nouvelle chanteuse de la scène guitare voix.

Ternoise m'a dit V2

On me dit que Sarkozy soigne sa névrose
Qu'après Cécilia il lui faut une femme grandiose
Qu'les oreilles de Mickey pour nos premières photos
Niveau romantisme c'est plutôt proche du zéro
Pourtant Ternoise m'a dit

Le mieux ce s'rait de faire
Un bébé beau comme moi et très futé comme lui
Le pire ce s'rait l'contraire

On me dit que je devrai chanter des comptines
Quand il recevra son vieil ami Poutine
Paraît qu'Cécilia aussi fut mannequin
Mais moi en plus je suis chanteuse vous le savez bien
Et même Ternoise m'a dit

Le mieux ce s'rait de faire
Un bébé beau comme moi et très futé comme lui
Le pire ce s'rait l'contraire

On me dit qu'à Paris-Match je s'rai une icône
Qu'ils feront de belles rimes Sarkozy Bruni
Pour la vie d'château j'dis oui au silicone
Et je souris même au colonel Kadhafi
Tu sais qu'Ternoise m'a dit

C'est vrai qu'j'ai un beau corps, comme m'a dit Sarkozy
C'est vrai qu'j'ai un beau corps, à bâbord et tribord

On me dit que Sarkozy soigne sa névrose
Qu'après Cécilia il lui faut une femme grandiose
Qu'les oreilles de Mickey pour nos premières photos

Niveau romantisme c'est plutôt proche du zéro
Pourtant Ternoise m'a dit

Le mieux ce s'rait de faire
Un bébé beau comme moi et très futé comme lui
Le pire ce s'rait l'contraire

Titre de l'Œuvre originelle :
Quelqu'un m'a dit (Carla Bruni)

- Serge Gainsbourg -

Le footballeur du coup d'boule

J'suis l'footballeur du coup d'boule
Le retraité préféré de la foule
Le gars qui perd ses nerfs
Si t'insultes sa mère
J'pourrais 'core jouer dix ans à Metz
Mais faut qu'ce soit ce geste qui reste
Que partout il soit écrit
Zidane est bien plus grand que l'Italie
Tant pis si mon cas j'l'aggrave
Qu'ma voix est trop grave
Chirac m'a congratulé
Et les sondages m'ont approuvé

Des coups d'boule, des coups d'boule encore des coups d'boule
Des coups d'boule, des coups d'boule toujours des coups d'boule
Des coups qu'ont d'la classe
Des coups toujours classes
Des coups d'boule, des coups d'boule encore des coups d'boule
Des coups d'boule, des coups d'boule toujours des coups d'boule

J'suis l'footballeur du coup d'boule
Celui qui vous donne la chair de poule
Connu sur toute la planète
Voyez ma tête

Sur toutes les images panini
Mon poster au dessus des lits
Et ma petite défaillance
Fait de moi un homme symbole de la France
Je rejoue l'match je zigzague
C'est qu'une blague
Au lieu d'cogner je vais marquer
C'est la fête aux Champs Elysée

Pour m'sortir de ce trou où je deviens fou
Des coups d'boule, des coups d'boule encore des coups
 d'boule

Les drapeaux se taillent
Les femmes défaillent
Et je reste dans mon trou j'me sens dev'nir fou
Des coups d'boule, des coups d'boule encore des coups
 d'boule

Des coups d'boule, des coups d'boule
Des coups d'boule, des coups d'boule

J'suis l'footballeur du coup d'boule
Mes sponsors croient toujours qu'je suis le roi

Je sais mener ma barque
Mieux qu'Mireille Darc
Et comme je suis un jeune milliardaire
J'vais m'faire construire des grands vestiaires
Et chaque jour ça j'en suis sûr
J'irai y pleurer ma grande blessure

En public jamais je doute
Coûte que coûte
J'apprends cette règle à mes enfants
Pour eux comme pour vous j'suis géant

J'donne des coups d'boule, des coups d'boule encore
des coups d'boule
Des p'tits coups, des p'tits coups toujours des coups
d'boule
Y'a d'quoi d'venir dingue
Lancer une marque de fringues
Faire des coups, des p'tits coups, des nouveaux p'tits
coups
Des p'tits coups, des p'tits coups, des nouveaux p'tits
coups
Et un jour je racont'rai tout
Le gamin n'avait pas un sous, s'prenait des coups
Des coups d'boule, des coups d'boule, des coups
d'boule

Œuvre originelle : Le poinçonneur des lilas

Créé sur scène en 2011 par Guillaume Ibot.

Vieille fripouille

J's'rai content de t'voir en tôle
Vieille fripouille
J's'rai content de t'voir en tôle
Vieille fripouille
On peut dire qu't'as su t'y prendre
La justice la faire attendre
Te voir derrière des barreaux
Vieux Jacquot

T'as su plaire aux ministères
Vieille fripouille
T'es entré dans la carrière
Vieille fripouille
T'as commencé par Paris
Baisé la démocratie
Vivre sur les frais généraux
Vieux Jacquot

T'avais pigé le système
Vieille fripouille
Tu te servais sans problème
Vieille fripouille
Les marchés publics c'est bien
On donne on reprend d'une main
On fait payer l'populo
Vieux Jacquot

Puis t'as eu droit au soleil
Vieille fripouille
Des grands voyages officiels
Vieille fripouille
L'immunité était belle

J'crois qu't'as bien fait ton miel
En menant la vie d'château
Vieux Jacquot

Les Jacquoilles meurent dans leur lit
Vieille fripouille
Tu voudrais qu'ce soit ainsi
Vieille fripouille
Mais on ira jusqu'au bout
On te cherch'ra même des poux
L'immunité c'est fini
Vieux Chichi

On te mettra à Fleury
Vieille fripouille
Et moi j'f'rai des parodies
Vieille fripouille
J'racont'rai ton agonie
J'frai même rire Sarkozy
Sûr que ça t'foutra les boules
Vieille fripouille
Vieille fripouille
Vieux Jacquot

Œuvre originelle :
VIEILLE CANAILLE
(une adaptation de YOU RASCAL YOU)
Compositeur-Auteur THEARD SAM.
Adaptateur PLANTE JACQUES
Editeur BELWIN MILLS PUBLISHING CORP.

Bernadette Codron

Ça c'est l'histoire
De Bernadette Codron
Qu'à part son homme personne
Ne peut la voir sans ses bas
Y'a pas de quoi
En faire un plat

Elle avait du pognon
La jeune Bernadette Codron
Ouais elle avait des millions
C'était certes pas une beauté
De l'ambition
Des relations

Un mariage de raison
Avec Bernadette Codron
Elle laisse courir son champion
Pourvu qu'il soit président
Sans illusion
Bin elle l'attend

Oh ! La Bernadette
La Bernadette Codron
Première dame par vocation
Tu posas tes conditions
Reprends du thon
Les cons paieront

Œuvre originelle : Ballade de Melody Nelson
(Serge Gainsbourg)

La chanson de Jordy

Oh je voudrais tant pouvoir l'effacer
Cette chanson qu'on t'a imposée
Elle venait d'la télé
Tristesse
Qu'elle soit de Jordy et
Business

Avec d'autres bien sûr on te réveillait
Mais ce bazar on te le braillait
Et peu à peu ça s'in-
Crustait
Cela on n'peut qu'le re-
Gretter

Peut-on jamais savoir les conséquences
De la mauvais influence
Dorothée Hélène et
Johnny
Et cette chanson de
Jordy

Cette chanson "*dur d'être un bébé*"
Efface-la d'ton souvenir
Et ce jour-là
Tes vieux entubés
Pourront peut-être encore sourire

Œuvre originelle :
La chanson de Prévert - Serge Gainsbourg

- Jacques Dutronc -

Il est 6 heures, Montcuq s'endort

Je suis l'noctiluque de Montcuq
La lumière qu'ils trouvent caduque
Les gamines ont d'autres idoles
Depuis qu'fleurissent les paraboles

Il est 6 heures
Montcuq s'endort
Montcuq s'endort

Les cochonnets sont bien rangés
Les pétanqueux sont rhabillés
Ils quittent l'allée de la prom'nade
Pour aller manger leur salade

Il est 6 heures
Montcuq s'endort
Montcuq s'endort

Y'a trois cafés mais aux terrasses
Pas une femme ne s'y prélasse
On y parle de Nino Ferrer
Puisqu'on n'a pas d'député maire

Il est 6 heures
Montcuq s'endort
Montcuq s'endort

Personne ne retient l'boute-en-train
Il est guitare entre les mains
Répète la fête de la musique
Imagine un nombreux public

Il est 6 heures
Montcuq s'endort
Montcuq s'endort

Le boucher compte les morceaux d'porc
Espère qu'les retours de Cahors
Lui feront un chiffre d'affaire
Supérieur à la boulangère

Il est 6 heures
Montcuq s'endort
Montcuq s'endort

Une vieille radio suffoque
La play-list d'*Antenne d'Oc*
Les gens l'écoutent ils n'ont pas l'choix
France-Inter ne passe pas par là

Il est 6 heures
Montcuq s'endort
Il est 6 heures
Je me moque encore

Œuvre originelle :
IL EST 5 HEURES, PARIS S'EVEILLE
Jacques DUTRONC

J'ai déjà goûté

Le Canigou le Ronron
J'ai déjà goûté
Leurs Mac Do leurs saucissons
J'ai déjà goûté
Viande bovine, sachets régimes
J'ai déjà goûté
Les dioxines leur margarine
J'ai déjà goûté
Le saumon à l'uranium les crevettes
J'ai déjà goûté

Le Canigou le Ronron
J'ai déjà goûté
Les dioxines leur margarine
J'ai déjà goûté
Viande bovine, sachets régimes
J'ai déjà goûté
Leurs Mac Do leurs saucissons
J'ai déjà goûté

La soupe en brique salade en sachet
J'ai déjà goûté
Fraises pesticides bouteilles d'eau aux nitrates
J'ai déjà goûté
Les pommes passées en chambres froides
J'ai déjà goûté

Les OGM peuvent débarquer
J'y suis préparé

Œuvre originelle : *J'ai déjà donné* (Jacques Dutronc)

- Claude François -

Bernadette aux Baumettes

Regarde la France
Du côté des arrogances
Au dessus des lois sûr'ment
Elle mène la danse
Tu soupires, mon cœur
Tu penses à ces innocents
Perdus dans le grand dédale
Des tribunaux si pressés
Pour le citoyen banal
Qui doit s'écraser
Et même s'excuser

Bernadette aux Baumettes
C'est une joie qu'on n'vivra jamais
Dès qu'un juge s'entête
La veut derrière des barreaux
Il a l'choix entre le blâme et la promo
Comme il serait beau le tableau
Bernadette aux Baumettes

Bernadette aux Baumettes
Les chanteurs pourraient se régaler
Bernadette aux Baumettes
Elle y fumerait son premier joint
Elle téléphon'rait du soir au matin
Ou alors elle chialerait
Bernadette aux Baumettes

Egalité
Depuis longtemps tu sais
Qu'il ne faut pas rêver
Tous égaux en droit
Mais y'a quelques passe-droits
Ou alors y'a prescription
Ça s'achète l'impunité
Il suffit d'être influent
Ou l'immunité
C'est un jeu d'enfants

Bernadette aux Baumettes
C'est une joie qu'on n'vivra jamais
Dès qu'un juge s'entête
La veut derrière des barreaux
Il a l'choix entre le blâme et la promo
Comme il serait beau le tableau
Bernadette aux Baumettes

Bernadette aux Baumettes
Les chanteurs pourraient se régaler
Bernadette aux Baumettes
Elle y fumerait son premier joint
Elle téléphon'rait du soir au matin
Ou alors elle chialerait
Bernadette aux Baumettes

Œuvre originelle :
Le lundi au Soleil (Claude François)
Ecrit par : Patrick Juvet, Jean-Michel Rivat et Franck Thomas.

Mal aux dents

J'ai eu moi aussi mal aux dents
Les dentistes étaient de braves gens
Certains n'avaient qu'une pince rouillée
T'offraient le whisky pour te calmer
Rien qu'd'entendre le mec avant toi
Ses hurlements pire qu'un putois
Tu tombais presque dans l'coma
C'était l'horreur le mal de dents

Le dentifrice n'existait pas
En tout cas n'entrait pas chez moi
Quand j'allais
Pour me coucher
Je me retenais de pleurer
Mes parents depuis bien longtemps
N'avaient plus qu'une dent par devant
Le courage ça s'apprend
En rages de dents

J'avais des chicots bien cariés
Et des gencives plus qu'enflammées
Je te parle même pas de l'odeur
Fallait bien qu'on soit tous fumeurs
Les mégots toi tu dis qu'ça pue
T'as raison mais on s'habitue
L'hygiène j'connaissais pas vraiment
C'était l'pays
Des rages de dents

Mon p'tit môme qu'a les yeux qui brillent
Il se tortille et il vacille
Vient d'jurer

À son pépé
« *elles sont vilaines mes dents de lait*
y'a rien de pire qu'une rage de dents »
Je lui donne un médicament
Elle passe en un quart d'heure
Sa rage de dents

La rage de dents me mettait en fureur
J'me plongeais la tête dans le beurre
Ça n'pouvait pas me calmer
Mais ça me changeait les idées
On me répondait soit patient
Il faut souffrir pour dev'nir grand
Ça t'apprend la vraie vie
Le mal de dents

J'ai eu moi aussi mal aux dents
Mamie s'en souvient forcément
On s'est acheté nos dentiers
Ta mère n'était pas encore née
J'ai eu moi aussi des dents d'lait
Mais qu'elles sont loin mes premières dents

Œuvre originelle : At Seventeen
Adaptée par Frank Thomas, en *17 ans*.

Cette année-là présidentielle

Cette année-là
Sarko président jubilera
Ou l'opposant vociférera
Quelle année cette année-là

Cette année-là
Ségolène se lais'ra pousser des ailes
Même Fabius fredonnera belle, belle, belle
Et les médias aim'ront ça

Déjà le P.S croit revivre l'épopée Mitterrand
Et l'UMP sait qu'un général marche droit

Cette année-là
Tous jureront comprendre les jeunes
Et les vieux trop souvent seuls
Tout l'monde dit je t'ai compris

Des promesses sûr qu'il va en pleuvoir chaque jour
Chaque voix sera unique ils aiment ils aiment le public

Cette année-là
Forcément on en connaît la musique
Ségo – Sarko s'ront magiques
Quelle année cette année-là

Avant le premier tour certains prétendent rêver encore
Revendront leur soutien même pas à prix d'or

Cette année-là
Pas d'mondial à la télévision
En boucle pass'ront leurs déclarations
Du blabla cette année-là

C'est demain, mais pour moi ça n'va rien changer
Un quinquennat plus tard ce CD je le ressors

Ce s'ra l'année deux mille sept
Ce s'ra l'année deux mille sept
Ce s'ra l'année deux mille douze
Ce s'ra l'année deux mille dix-sept

Œuvre originelle : Cette année-là
Interprète originel : Claude François

Cette chanson est interprétée par Paul Glaeser, dans le *CD SARKOZY SELON TERNOISE.*

Miss Bravitude

Tu nous souris et tu articules
Je m'attends au pire comme bravitude
Tu sais qu'on t'acclamera
J'ai peur que tu disjonctes, comme bravitude
Tu lis une crainte dans mes yeux
Tu joues avec notre inquiétude
Tu sais qu'on attend tes mots
Comme bravitude

Alors des élus m'évitent
Monsieur platitude et Miss bravitude
J'essaye de tout recoller
Certains s'énervent de ton attitude
J'ai les clés de notre maison
Parfois je ressens une lassitude
Je bous, toi tu es cool
Miss bravitude

Miss bravitude, elle aime jouer
Les médias en sont si friands
Miss bravitude, ça la fait rire
Miss bravitude, désir d'av'nir
Miss bravitude, elle me fait frémir
Comme bravitude

Elle dit qu'la victoire viendra
Si tout le monde suit Miss bravitude
Moi c'est mal parti
Tu sais j'la connais Miss bravitude
J'arrive même plus à rêver
J'y perds mes dernières certitudes

Mes doutes, je les masquerai
Comme bravitude

Miss bravitude, elle sait qu'la vie
C'est le plus souvent faire semblant
Miss bravitude, elle sait y faire
Miss bravitude, elle exagère
Miss bravitude, et les saines colères
Comme bravitude

Miss bravitude on recommencera
Miss bravitude tu nous charmeras
Miss bravitude on exultera
Miss bravitude

Comme bravitude on fera semblant
Comme bravitude vive le second tour
Comme bravitude on fera semblant

Œuvre originelle : COMME D'HABITUDE

La Carla

Il faut une chanson pour l'encourager
C'est grâce à elle que tourne l'Elysée
La première dame doit être célébrée

Elle a des silences La Carla
Elle a d'la patience La Carla

Des paparazzi la suivent soir et matin
Voudraient bien vendre un cliché clandestin à un
                                                quotidien
Elle peut se montrer
Que maquillée

Elle a des silences La Carla
Elle a d'la patience La Carla

L'Elysée n'avait pas l'habitude
Bernadette marchait plus lentement
Maint'nant ils se croient à Hollywood
Quand elle s'envole comme une feuille en plein vent

Elle est artiste elle prend d'la hauteur
Mais on dit qu'il est nettement plus bas son cœur
Vous pouvez m'aider à l'encourager

Elle a des silences La Carla
Elle a d'la patience La Carla

Elle a des silences La Carla
Elle a d'la patience La Carla

Elle a des silences La Carla
Elle a d'la patience La Carla (ou : des absences)

Œuvre originelle : Bélinda

Compositeur PARTON DAVID ERIC STAN LEY
Adaptateur MARNAY EDDY
Editeur   MR AND MRS MUSIC LTD
Sous Editeur UNIVERSAL MUSIC PUBLISHING
Sous Editeur S I M SOCIETE

Les droits se partagent !

Cette idée est née à l'époque 1 du "premier mandat" de monsieur Nicolas Sarkozy... Donc elle fut d'abord légèrement différente...

Cécilia

Il faut une chanson pour l'encourager
C'est grâce à elle que tourne l'Elysée
La première dame doit être célébrée
Elle a des silences Cécilia
Elle a d'la patience Cécilia (ou des absences)
Des paparazzis la suivent soir et matin
Voudraient bien vendre un cliché clandestin à un
                                                quotidien
Elle peut se montrer
Que maquillée
Elle a des silences Cécilia
Elle a d'la patience Cécilia (ou des absences)
L'Elysée n'avait pas l'habitude
Bernadette marchait plus lentement
Maint'nant ils se croient à Hollywood
Quand elle s'envole comme une feuille en plein vent

Elle est artiste elle prend d'la hauteur
On dit qu'l'humanitaire lui tient à cœur
Vous pouvez m'aider à l'encourager
Elle a des silences Cécilia
Elle a d'la patience Cécilia (ou des absences)
Elle a des silences Cécilia
Elle a d'la patience Cécilia (ou des absences)
Elle a des silences Cécilia
Elle a d'la patience Cécilia (ou des absences)

Oui, naturellement, pas de grandes transformations entre l'époque 1 et la suivante...

Le Juppé tombé

J'ai besoin qu'on m'aime
Mais les électeurs sont chiants
Quand ils votent en réfléchissant
Ça tombe jamais sur Sarkozy
Et j'ai bien peur
D'être un has been vraiment fini
Car depuis juin : je suis l'Juppé tombé

Je suis l'Juppé tombé
Les gens me r'connaissent
Je les vois bien rigoler
Ils n'y comprennent rien au pouvoir
Ignorent c'que c'est la joie
D'être dans les livres d'Histoire
J'ai toujours voulu ça

Si par expérience
J'continue à croire en moi
Je sais qu'j'ai dix fois trop de doigts
Pour compter ceux qui souhaitent mon retour
Pourtant j'ai déjà préparé un beau discours
Mais avant faudra que j'sache me rel'ver
Car je suis effondré

Je suis l'Juppé tombé
Les gens me r'connaissent
Je les vois bien rigoler
Ils n'y comprennent rien au pouvoir
Ignorent c'que c'est la joie
D'être dans les livres d'Histoire
J'ai toujours voulu ça

Je suis l'Juppé tombé
Les gens me r'connaissent
Je les vois bien rigoler
Ils n'y comprennent rien au pouvoir
Ignorent c'que c'est la joie
D'être dans les livres d'Histoire
J'ai toujours voulu ça

Œuvre originelle :
Le mal aimé

Comme ce texte le prévoyait, un Juppé tombé peut se relever...

Il devient même l'adoré... Comme ce serait drôle qu'en 2017 Juppé et Fabius s'affrontent ès plus populaires de leur camp...

George Bush sale bonhomme

George Bush était tellement louche que même à l'ONU
Nul n'osait, laisser trente secondes, son portefeuille à vu
Il sortait son colt et dégommait les dix-huit miroirs
On m'a même dit que certains samedi, i f'sait d'la magie
                                                                     noire

Oui George Bush, oh ! Faux sainte nitouche
Un type très louche, ce George Bush

Il espionnait tout, les sous-secrétaires et le Pentagone
Aux démocraties donnait le tournis, même à l'hexagone
Aux p'tits dictateurs déclarait la guerre au nom d'son
                                                                     missel
Voulait qu'on carbure qu'on rende l'air impur qu'on
                                                     fasse tous des étincelles

Oui George Bush, oh ! Faux sainte nitouche
Un type très louche, ce George Bush

Parlé :
Aujourd'hui, malgré la censure, je suis en mesure de
                                   dévoiler l'après maison blanche
Elle démontre de façon inouïe que même un type comme
              George Bush
Peut radicalement changer de vie

Un été il a rencontré Michel Houellebecq
Qui lui dit « les gens nous croient infects il faut qu'on
                                    s'en délecte »
Le ricain, qui n'a rien compris, se retrouve dans l'avion
Ils atterrissent dans un camp de nudistes
Trois vodka le v'la qui se débloque

Il paye pour avoir un peu de plaisir
Et n'emmerde plus personne

Oui George Bush, oh ! Faux sainte nitouche
Un type très louche, ce George Bush

Oui George Bush, oh ! Faux sainte nitouche
Un type très louche, ce George Bush

Œuvre originelle : Nasty Dan
Adapté en français en "SALE BONHOMME"

Cru cru el

Un jour mon frère me dit p'tit con
J'te vois fumer le soir
À ton âge il y a des doses
Qui t'transforment en connard
Le shit tu sais méfie-toi
C'est pas que d'la joie

C'est si vite
Cru cru el / une vraie prison
Cru cru el / bouffe la raison

Tu vas t'croire au nirvana
Fou de bonheur et de joie
Mais plus accro de jour en jour
Puis des doses de plus en plus
Tu vas en consommer
Peut-être même qu'un soir
Autre chose tu vas essayer
Plus t'en auras, plus t'en voudras
Tu leur tendras le bras
Si tu me croises tombé aussi bas
Souviens toi quand j'disais

C'est si vite
Cru cru el / une vraie prison
Cru cru el / bouffe la raison

J'me suis cru au nirvana
Fou de bonheur et de joie
Mais plus accro de jour en jour
Un jour enfin tout s'effondra
J'crois qu'j'ai touché le fond
J'me sentais d'plus en plus con

Mais je n'pouvais plus parler
J'suis parti à la montagne
Mon frère m'a payé le champagne
Quand j'ai émergé

C'est si vite
Cru cru el / une vraie prison
Cru cru el / bouffe la raison

Comme me l'a dit mon grand frère
À mon tour j'prêche dans l'désert

C'est si vite
Cru cru el / une vraie prison
Cru cru el / bouffe la raison

Œuvre originelle :
belle, belle, belle - Claude François

- Joe Dassin -

Gagner l'Elysée

Pasqua avait presque vaincu quand surgit un inconnu
La ville de Neuilly se donnait au jeune Sarkozy
Fallait quelqu'un qui dise « moi », ce s'ra donc un avocat
On croyait qu'ça suffirait, c'n'était que l'entrée

Gagner l'Elysée, Gagner l'Elysée
Cécilia, s'ra ravie, Nicolas, sauve sa vie
Plus de complexe d'infériorité s'il gagne l'Elysée

Il croit Chirac foutu mise tout sur Balladur qui échoue
Quand on descend du mauvais train on cherche ses copains
Z'ont essayé d'se recaser, ont fayoté, agenouillés
On le croit coulé il sait vivre en apnée

Gagner l'Elysée, Gagner l'Elysée
Cécilia, s'ra ravie, Nicolas, sauve sa vie
Plus de complexe d'infériorité s'il gagne l'Elysée

Chirac devenu le roi nu plutôt qu'boire la cigüe
Supporte son ennemi près de lui chaque mercredi
Le ministre rue dans les cordes, on dit qu'ils se mordent
Mais parfois même les vautours vous parlent d'amour

Gagner l'Elysée, Gagner l'Elysée
Cécilia, s'ra ravie, Nicolas, sauve sa vie
Plus de complexe d'infériorité s'il gagne l'Elysée

Œuvre originelle : Les Champs-Elysées.
Interprète original : Joe Dassin

Cette chanson est interprétée par Patrice, dans le CD *SARKOZY SELON TERNOISE*.

Le Bayrou

Méditez électeurs, la nouvelle
Chanson des disciples de François Bayrou
Elle cartonne déjà dans les chapelles
En cœur les femmes reprennent hou hou !
Les hommes (la) fredonnent sur leur tracteur leur tractopelle

Quand l'idée d'rébellion
Poussait les grands garçons à chercher des rimes
Pour le t'Ché contre le moindre train-train
VGE il le trouvait carrément sublime
L'auvergnat devint c'qu'on appelle son parrain

Teuf teuf tute, Teuf teuf tute, voilà le Bayrou
Teuf teuf tute, Teuf teuf tute, voilà le Bayrou
Nouveau marabout
Teuf teuf tute, Teuf teuf tute, v'là le gourou

Les années l'usèrent
La barque du VGEtorix fit naufrage
Et le béarnais s'empara du tocsin
Dès qu'ils le purent les opportunistes à la nage
Rejoignirent le beau Titanic chiraquien

Teuf teuf tute, Teuf teuf tute, voilà le Bayrou
Teuf teuf tute, Teuf teuf tute, voilà le Bayrou
Nouveau marabout
Teuf teuf tute, Teuf teuf tute, v'là le gourou

Rester autonome
Fait toujours sourire les arrivistes pressés
En échange de p'tits strapontins
Son modem ils le disent déconnecté
Rien n'éteint la foi du pèlerin

Teuf teuf tute, Teuf teuf tute, voilà le Bayrou
Teuf teuf tute, Teuf teuf tute, voilà le Bayrou
Nouveau marabout
Teuf teuf tute, Teuf teuf tute, v'là le gourou

Le marginaliser
C'est le seul programme trouvé par ses détracteurs
Mettre du sucre dans l'réservoir d'son tracteur
Proposent ceux qui n'ont jamais vu un moteur
Qu'ils laissent donc réfléchir les électeurs

Teuf teuf tute, Teuf teuf tute, voilà le Bayrou
Teuf teuf tute, Teuf teuf tute, voilà le Bayrou
Nouveau marabout
Teuf teuf tute, Teuf teuf tute, v'là le gourou

Œuvre originelle : Les Dalton
Interprète originel : Joe Dassin

Avant François Bayrou, *Les Dalton* m'avaient servi à décrire un certain monsieur Dominique De Villepin.

De Villepin Dominique

Ecoutez rimailleurs, l'exemplaire
L'instructive histoire du sieur De Villepin
Qui faute de trouver des lecteurs
Visa un petit strapontin
Directeur de cabinet dans un ministère

Tout petit à l'école
On lui dit qu'les hérauts sont de la France d'en haut
Qu'la politique peut s'faire loin des scrutins
Tutoyer les bons chevaux plutôt qu'le troupeau
Il apprit donc ses classiques et même le latin

DVD, DVD, voilà Devilpin
DVD, DVD, voilà Devilpin
On l'dit écrivain
DVD, DVD, du baratin

Les années passèrent
Il flatta s'intéressa même aux arts premiers
Il devint secrétaire général de l'Elysée
Dissoudre l'Assemblée fut sa meilleure idée
Mais il sut rebondir et même au quai d'Orsay

DVD, DVD, voilà Devilpin...

Continuant d'écrire
La foire de Brive comprit son meilleur intérêt
Un prix pour monsieur le ministre
Il s'en déclara vraiment flatté
Son bouquin nul n'en savait le titre

DVD, DVD, voilà Devilpin...

Quand Raffarin s'éteint
Chirac chercha qui ne l'avait jamais trahi
Et joua à pile ou face
De Villepin Dominique ou Lionel Jospin
Qui entre à Matignon rêve d'une autre place
Sa poésie n'est plus qu'rimes à Sarkozy

DVD, DVD, voilà Devilpin…

Œuvre originelle : Les Dalton

- Georges Brassens -

La baillitude

Une manie de polisson
Quand j'regarde la télé
Je suis obligé de chanter
Pour me maintenir éveillé

Quand je vois le Bayrou
Je bâille je bâille
Quand j'vois le Sarkozy
Je bâille aussi
Quand j'vois ce bon Fillon
Je suis près du roupillon
Mais quand j'vois Ségolène
Là je me démène
La bâillitu ude
C'est pas qu'une habitude

Avec des télés sans parole
J'crois qu'la ségolènite
Remplacerait la sinusite
Faut trafiquer les paraboles

Afin d'retrouver le pouvoir
Parfois certains nous bernent
Prendre des vessies pour des lanternes
On a tell'ment envie d'y croire

Maint'nant c'est presque chaque soir
Qu'ils viennent faire les artistes

Si j'connaissais leur scénariste
Je lui offrirais une guitare

Dans les partis j'suis pas bien vu
On dit qu'j'adore les femmes
Mais qu'elles n'aiment pas rire aux larmes
On dit qu'je manque de retenue

Je conseille aux abstentionnistes
De voter ou d'se taire
Voter pour celle qui sait nous plaire
Mais j'suis sûr'ment pas réaliste

Œuvre originelle :
FERNANDE (Georges Brassens)

Les véreux d'la République

Les gens qui voient tout en noir
Disent que c'est notoire
Pas un pour racheter
Celui qui s'est laissé piéger s'est laissé coffrer
Mais je continue à faire
Le tri dans les affaires
Ceux qui font leur devoir
Je n'veux pas les voir dans l'même sac que les moutons
noirs

Les gros véreux qui fricotent sur le fric public
Fric public, fric public
En s'foutant pas mal d'la République
Des braves gens honnêtes
les gros véreux qui fricotent sur le fric public
Fric public, fric public
En osant nous parler d'éthique
Leur p'tites gueules j'y suis allergique

Quand viennent les jours du scrutin
Ils battent les chemins
Respirent not' air impur
Jurent qu'ils f'ront repeindre les murs et l'bonheur du quartier
Et repartent tranquillement
Chez ces gens-là on ment
C'est l'prix d'la sinécure
Pour garder l'eau du bain ils noieraient même le bébé

Les gros véreux qui fricotent sur le fric public
Fric public, fric public
En s'foutant pas mal d'la République

Des braves gens honnêtes
Les gros véreux qui fricotent sur le fric public
Fric public, fric public
En osant nous parler d'éthique
Leur p'tites gueules j'y suis allergique

Quand quelqu'un de vraiment bien
S'aventure sur ce ch'min
Ils l'excluent du parti
Ou en rient tell'ment qu'il abandonne le malheureux
Ça veut être le roi d'la ville
Du département de la région du pays
Ça veut nous voir tout tremblant
Ces gens sont pas heureux

Les gros véreux qui fricotent sur le fric public
Fric public, fric public
En s'foutant pas mal d'la République
Des braves gens honnêtes
Les gros véreux qui fricotent sur le fric public
Fric public, fric public
En osant nous parler d'éthique
Leur p'tites gueules j'y suis allergique

Quand ces rimes auront tourné
Qu'elles seront méditées
Pour tous ces mécréants
Le jour du scrutin le verdict sera sans retour
Ce s'ra la déconvenue
Les roitelets seront nus
Sur un d'leurs fameux bancs
Ils pourront méditer sur leur sale vie sans amour

Les gros véreux qui fricotent sur le fric public

Fric public, fric public
En s'foutant pas mal d'la République
Des braves gens honnêtes
Les gros véreux qui fricotent sur le fric public
Fric public, fric public
En osant nous parler d'éthique
Leur p'tites gueules j'y suis allergique

Œuvre originelle :
LES AMOUREUX DES BANCS PUBLICS
Georges Brassens

Chansons pour les magouilleurs

Elle est à toi cette maison
Toi parfois l'ami des maçons
Qui la paya une bouchée d'pain
Qui paya à peine les parpaings
Toi qui rêve d'être not' président
Qui sait comment plaire aux marchands
Tous les gens bien commissionnés
Par quelques marchés détournés
Ce n'est que pour une belle villa
Pour figurer dans le décor
Où des stars fanfaronnent encore
Que tu es tombé aussi bas

Toi l'magouilleur quand tu tomb'ras
J'crois bien qu'personne te retiendra
Et ce s'ront même les officiels
Les plus infidèles

Elle est à toi cette maison
Toi monsieur fausses facturations
Auto-proclamé l'plus malin
Des bandits politique-chemin
Toi qui t'prétends un homme charmant
Qui sait comment plaire aux marchands
Tous les gens bien commissionnés
Qu'aiment t'inviter à déjeuner
Tout ça pour un château d'rupin
Mais tu jouis dans ce décor
Où des starlettes font un effort
En échange de quelques festins
Toi l'magouilleur quand tu tomb'ras
J'crois bien qu'personne te retiendra

Et ce s'ront même les officiels
Les plus infidèles
Elle est à toi cette maison
Toi qui grignotes dans les millions
L'intermédiaire très bien nourri
Qui sait surfer quand il est pris
Toi qui s'dis l'as du continent
Qui sait comment plaire aux marchands
Tous les gens bien commissionnés
Avec qui t'aimes t'acoquiner
Ce n'est qu'un grand mas au soleil
Où tu montres ta voiture de sport
En t'disant je suis le plus fort
Mais t'émerveilles que tes pareils

Toi l'magouilleur quand tu tomb'ras
J'crois bien qu'personne te retiendra
Et ce s'ront même les officiels
Les plus infidèles

Œuvre originelle :
CHANSON POUR L'AUVERGNAT - Georges Brassens

Quand je pense à...

Une manie de pensionnaire
Moi j'ai pris le parti
De commenter mes sympathies
D'un petit bruit qu'ils disent vulgaire

Quand je pense à Juppé
Je pète, je pète
Quand j'pense à Sarkozy
Je pète aussi
Quand j'pense à Raffarin
Mon Dieu, je pète d'entrain
Mais quand j'pense à Bové
Là je laisse l'air en paix
La pétitude, Pasqua
Ça n'se commande pas

Quand d'autres chahutent un drôle
Je profite des silences
Pour embaumer l'assistance
Me revient souvent l'premier rôle

Les jours de manifestations
Quand lassent les slogans
On entend monter doucement
Cette ronde voix d' la dérision

Durant sa pause l'ouvrier
Au nom du grand patron
Modifie parfois cette chanson
C'est pas moi qui vais le gronder

Et je vais mettre un point final
À ce chant réaliste

En suggérant aux socialistes
D'en faire leur Internationale

Œuvre originelle :
FERNANDE - Georges Brassens

- Rouget de Lisle -

Hymne national Sarkozyste

Allons enfants de Sarkozy
Le jour de gloire est arrivé
À genoux la démocratie
La vraie France_ s'est relevée
Entendez-vous dans les campagnes
La France profonde rire aux éclats
Le changement on le fera
Soyons tous avec, l'homme qui gagne

Aux télés les conquis
Ecoutez nos belles chansons
Chantons ! Chantons !
Qu'un air plus pur
Sarko – Révolution

Amour sacré de Sarkozy
Le pouvoir c'est la vraie grandeur
La censure, la censure chérie
L'autocensure est une valeur
Pour nos couleurs, la grande victoire
L'ouverture est un jeu d'enfants
Où s'agglutinent les opposants
Le parti unique c'est la gloire

Aux télés les conquis
Ecoutez nos belles chansons
Chantons ! Chantons !
Qu'un air plus pur
Sarko – Révolution

Si vous voulez faire une carrière
Sachez qu'vous êtes les bienvenus
Retournez shorts et pull-overs
Sarkozy aime votre vertu
Si t'aimes Sarko tu dois le suivre
De tes illusions faire le deuil
La gauche tombe comme les feuilles
Tu peux partir ou bien survivre

Œuvre originelle :
3 couplet de *La Marseillaise* (Rouget de Lisle)
Domaine Public

-Michel Delpech -

Quand j'étais le boss

J'sais qu'le chiraquisme
Ça devient barbant
Ma pauv' Bernadette
J'ai plus soixante ans
Mes phrases sont trop longues
Je suis pas du genre Keith Moss
Z'étaient plus chaleureux
Quand j'étais le boss

J'avais carte blanche
L'fort de Brégançon
Toutes les portes ouvertes
Aux meilleurs gueuletons
Les plus beaux poitrails
C'étaient comme des gosses
Quémandaient une p'tite médaille
Quand j'étais le boss

L'ONU le G8
C'étaient mes grandes messes
Des sbires m'écrivaient
Trois quatre, discours plein d'sagesse
Je savais me faire craindre
J'pouvais être féroce
J'faisais cor' la bringue
Quand j'étais le boss

La fête nationale
Mon 14 juillet
On m'servait la soupe
J'fais pschitt héhé
Douze années de gloire
Chirac le colosse
On oubliait mes vieux déboires
Quand j'étais le boss

Ma pauv' Bernadette
J'ai plus soixante ans
J'ai plus la force de le faire
Mon come-back gagnant
Je reste le seul recours naturellement
Qui sait, si en fin d'après-midi
F'ra pas l'Félix Faure, Sarkozy
Vivement le salon d'l'agriculture
Putain comme je m'ennuie

Qui sait, si en fin d'après-midi
F'ra pas l'Félix Faure, Sarkozy
Vivement le salon d'l'agriculture
Putain comme je m'ennuie

Œuvre originelle : Quand j'étais chanteur Michel Delpech

- France Gall -

Si Sarko si

Tous mes amis sont ici
Mais je n'ai pas de papier
Les vacances j'me cache dans Paris
Pour éviter d'être expulsé
Pour être là à la rentrée

Si, Sarko, si
Si, Sarko, si
Sarko, si tu voyais ma vie
Je cours je m'enfuis
Si, Sarko, si
Mais mon pays c'est ici
Et ma vie aussi

Dans mes cauchemars y'a des trains
Et je me jette par la fenêtre
Mes parents ont peur du lendemain
J'aurais peut-être pas dû naître
Aucun pays veut me reconnaître

Si, Sarko, si
Si, Sarko, si
Sarko, si tu voyais ma vie
Je cours je m'enfuis
Si, Sarko, si
Mais mon pays c'est ici
Et ma vie aussi

On m'dit que j'suis coupable, un fléau
Je suis pourtant qu'un enfant
Envie de jouer, de rire sous le préau
Sans avoir peur des agents
Sans trembler pour mes parents

Si, Sarko, si
Si, Sarko, si
Sarko, si tu voyais ma vie
Je cours je m'enfuis
Si, Sarko, si
Mais mon pays c'est ici
Et ma vie aussi

Œuvre originelle : Si maman si (Michel Berger)
Interprète originel : France Gall

Cette chanson est interprétée par Frédérique Zoltane, dans le *CD SARKOZY SELON TERNOISE*.

- Daniel Balavoine -

Le Politicien : Nicolas Sarkozy

J'me présente je m'appelle Sarko
J'voudrais bien finir tout en haut
Être élu
Je recrute chez les militants
Qui me croient l'plus intelligent
Prêt au combat
Comme vous l'savez j'y pense tout le temps

J'ai pas honte d'être le politicien
J'veux faire carrière et qu'en plus je sois craint
    Je sois craint
J'veux inscrire mon nom dans ce pays
Une intégration réussie
Et faire jaser chez les Juppé de Bordeaux l'ennui

Quand défilent dans les rues
Des banderoles pas sympas
Elle dit continue
Ma petite Cécilia
Elle m'admire me remue
Elle aime plus les ventrus
Aujourd'hui je tiens mon rôle
J'ai pas à être drôle
J'veux qu'tous les bandits
Se retournent dans leur lit
Pire que la tétanie
Au nom de Sarkozy

Puis un jour je s'rai candidat
Raffarin se prosternera
Devant moi
Des meetings de cent mille personnes
Où même Bernadette s'étonne
Et se lève pour me serrer dans ses bras

Et partout dans les rues
Le sujet ce s'ra moi
Cecilia s'ra aux nues (ou : *rev'nue* ; suivant les mois)
La droite aura son roi
L'aventure continue
Je suis le plus têtu
Puis viendra le second tour
Débat télévisé
Où je me déchaîne
Faut gagner ou crever
J'f'rai pleurer les vieux
Faut qu'on m'prenne pour un Dieu

Et puis à l'Elysée
Je me masturberai (bis)

Je me légenderai pour la postérité
Les derniers socialos
Diront que j'suis dang'reux
Que je suis mégalo
J'devrais démissionner
Mais j'f'rai du pédalo
J'embras'rai les mémés
Et j'me représenterai
Après trois quinquennats
J'me chercherai une dauphine
Et pour tout compliquer

Mourir comme Félix Faure
Pour plaire aux chansonniers
Mourir comme Félix Faure

Œuvre originelle : *Le Chanteur* (Daniel Balavoine)

- Fernandel -

Sarkozy Aussi

C'est en sortant de la sacem
Que j'ai aperçu Sarkozy
Il descendait de sa B M
Tandis que j'fixais sa mairie
Je n'ai pas trouvé l'occasion
De lui chanter ma p'tite chanson

Il considère que l'ambition
Passe par certaines trahisons
Sarkozy aussi
Plus d'une fois on l'cru perdu
Mais à tout il survécut
Sarkozy aussi
Loin du pouvoir il s'ennuie
C'est le seul sens de sa vie
Sarkozy aussi
On dit qu'il s'est assagi
Lui croit qu'il se bonifie
Sarkozy aussi

Quand il surgit à la télé
Je farfouille mes poches en tremblant
Cherchant ma carte d'identité
Aujourd'hui vaut mieux être prudent
On peut se retrouver suspect
Rien que pour un petit couplet

Il voyage en notes de frais
Depuis qu'il s'est incrusté
Sarkozy aussi

Il sait que sur le terrain
Ça fait bien d'serrer des mains
Sarkozy aussi
Pour récolter des bulletins
Il lance des promesses aux chiens
Sarkozy aussi
J'crois qu'il nous prend pour des pions
Des justes bons aux élections
Sarkozy aussi

Me voyant il a tourné la tête
J'ai murmuré « quand tu voudras »
Il me crut porteur d'une requête
C'est pourquoi il accéléra
Il sait qu'les gars d'mon acabit
Ne votent pas spécialement pour lui

On le dit sans foi ni loi
Qu'il fut même l'ami d'Pasqua
Sarkozy aussi
Pour lui plaire faut obéir
Surtout jamais l'contredire
Sarkozy aussi
Il trouve toujours des artistes
Pour soutenir sa tête de liste
Sarkozy aussi
Il sait qu'pour séduire les gens
Il faut souvent faire semblant
Sarkozy aussi
Il a pour premier gourou
Celle qu'il prend sur ses genoux
Sarkozy aussi

Titre de l'Œuvre originale : *Félicie aussi* de Fernandel

- Gérard Lenorman -

Si j'étais l'entarteur

À force de croiser de prétendus artistes
Un jour je me suis dit : il faut que tu résistes
Mais comment démasquer cette bande de magouilleurs
Et soudain vient l'idée : je serai l'entarteur

Si j'étais l'entarteur de la république
Jamais plus un crétin n'se prétendrait artiste
Aux victoires d'la musique j'arriverais en touriste
Mais toutes les caméras fixeraient l'entarteur

Passer par Astaffort parfois deux fois par an
La Rochelle en été Montauban au printemps
Chez Sony Vivendi j'aurais un abonnement
Verrait-on des glandeurs Si j'étais l'entarteur

Le président d'la Sacem vivrait toujours casqué
J'aurais des fausses clés pour les plateaux télé
Je cacherais mes tartes en dessous des bouquets
Les baveurs auraient peur Si j'étais l'entarteur

Si j'étais l'entarteur de la République
Pour les siliconnées la tarte aux cosmétiques
La bande des gnangnanteux aurait celle aux moustiques
On vivrait de belles heures Si j'étais l'entarteur

Pour nos plus grands cyniques la tarte à l'arsenic
Quant aux grosses boutiques forcément l'atomique
Je risque d'aller trop loin je suis trop énergique
Je n's'rais jamais chômeur si j'étais l'entarteur

Pour la majorité la tarte aux narcotiques
Pour les alcooliques celle au Gin très tonic
Quant à nos érotiques j'ai une potion magique
La France chant'rait en chœur Si j'étais l'entarteur

Chœur enfants :
Si t'étais l'entarteur de la République
Pour nous, les influences, ne s'raient plus maléfiques
On pourrait sans risque écouter la musique
On prendrait d'la hauteur Si j'étais l'entarteur

Je n's'rai jamais l'entarteur de la république
C'métier est trop risqué, en jeu y'a trop de fric
Je préfère rester en marge, balancer en parodique
Pas besoin d'être entarteur, pour s'moquer des rimeurs

Gérard Lenorman
Si j'étais président (Pierre Delanoé / Gérard Lenorman)

- Henri Salvador -

Gros Raffarin

Gros Raffarin dis au r'voir à Paris
Gros Raffarin finie la comédie
(pourquoi ?)
Tu s'ras bien mieux en roi des poitevins
Entouré d'hommes que tu tiens dans ta main
Paris vois-tu ça n'est pas fait pour toi
(oh !)
On n'y voit que fratricides combats
Cinq cents Rastignac s'affrontent sans arrêt
Et pourraient bien t'étrangler
(Oh ! bin ça alors !)

Gros Raffarin dis au r'voir à Paris
T'as eu ton heure de gloire mais ça suffit
Le petit bougonn'ment Pompidolien
Sache que ça lasse même les Balladuriens
Ici on vit le règne du sondage
Et toi tu es le fusible qui dégage
Tu te voyais quand même pas gagner
La grande course à l'Elysée
(c'est le destin)

Gros raffarin dis au r'voir à Paris
Laisse donc ta place au petit Sarkozy
Si tu le maintiens dans son ministère
Il pourrait bien t'placer dans un charter
(qu'est-ce que c'est ?)

Toi qui aimes tant partir en vacances
(oh ! oui)
Chaque jour de la s'maine sera un dimanche
Tu verras t'auras de nouveaux amis
Ecris ta biographie

Gros raffarin dis au r'voir à Paris
Ecoute-moi, moi qui suis hors parti
Retourne chez toi car entre nous crois-moi
Tu s'ras plus heureux là-bas
Retourne chez toi car entre nous crois-moi
La France d'en bas c'est pas toi
(merci Henri)

Titre de l'Œuvre originelle :
Petit lapin (Maurice Tézé – Henri Salvador)

- Barbara -

Sarkozy l'aigle noir

Maudits jours cette fin de chiraquie
Notre gauche elle s'était assoupie
Quand soudain, se prétendant Rebelle
Espoir pour le pays
Surgit un Sarkozy

Glorifiant, le travail bien fait
Glorifiant, même la moralité
Promettant, une République modèle
Un pouvoir nickel
Il gagnait l'Elysée

La démocratie oligarchie
Deviendrait une méritocratie
Travailler plus ce s'rait vivre mieux
Le talent respecté
Les passe-droits tous au feu

Ce qui est blanc dans les interviews
Devient noir dès qu'on tourne la joue
Le foutage de gueule est continu
Il n'avait pas changé
Juste un peu de ret'nue

Dis Sarko plus personne ne te croit
Quand tu joues le grand Robin des Bois
C'est pour Carla que tu fais semblant
Pour sa p'tite gauche diamants
Ses bobos ses bobos

Comme jamais on les voit arrogants
La France d'en haut prend du très bon temps
Les héritiers ont leur roi soleil
Leur fric est à l'abri
Sarko les émerveille

Sarkozy s'en fout de la France réelle
Sait qu'les électeurs ça s'ensorcelle

D'Italie Silvio Berlusconi
Labo d'une média démocratie
Quand la gauche n'est que clans de coquins
Les Sarko peuvent foncer
Ça s'joue au baratin

Maudits jours cette fin de chiraquie
Notre gauche elle s'était assoupie
Quand soudain se prétendant Rebelle
Espoir pour le pays
Surgit un Sarkozy

Maudits jours... chiraquie
Notre gauche... assoupie
Quand soudain
Espoir pour le pays
Il surgit... Sarkozy

L'aigle noir (Barbara)

- Chantal Goya -

Ségolène

Tandis que son frère combattait les écologistes
Elle empruntait la voie royale de l'Enarriviste
Conseillère dans une boîte à idées mitterrandistes
La vraie vie selon les socialistes

Quand Bérégovoy ouvre le chapeau du président
Il la catapulte ministre de l'environnement
Elle plaira à certains magazines tout simplement
Et parfois ça devient suffisant
Mais pour Jospin elle restera
Loin derrière Aubry et Guigou
Préparant son come-back sans la redouter

> *Ségolène, c'est une aubaine*
> *Ségolène, est magicienne*
> *Quand les éléphants sont en guerre*
> *La gazelle saute saute en l'air*
> *On lui dit t'es une reine*
> *Che Guevara des ménagères*
> *Ségolène, c'est une aubaine*
> *Ségolène, est magicienne*
> *Saints sondages restez avec Nous*
> *On sait qu'on ira jusqu'au bout*
> *Ségolène, tu nous rends fou*

Quand prudents les éléphants ignorent les Régionales
Sur les terres de Raffarin déboule madame Royal
La chute des chiraquiens en fit une femme fatale
Quand nos voisins se donnent une chancelière

La France ne voit plus qu'une femme pour nous éviter le Sarkozy
Depuis à tout ce qu'elle dit le pays dit oui oui

Ségolène, c'est une aubaine
Ségolène, est magicienne
Quand les éléphants sont en guerre
La gazelle saute saute en l'air
On lui dit t'es une reine
Che Guevara des ménagères
Ségolène, c'est une aubaine
Ségolène, est magicienne
Saints sondages restez avec Nous
On sait qu'on ira jusqu'au bout
Ségolène, tu nous rends fou

Œuvre originelle : Bécassine (Jean-Jacques Debout)
Interprète originel : Chantal Goya

Cette chanson est interprétée par Frédérique Zoltane, dans le *CD SARKOZY SELON TERNOISE*.

Dominique Dhombres, dans sa Chronique *Le Monde* du 19 janvier 2007, a créé un mini scandale politique en écrivant : Ségolène Royal "*est décidément ce que la politique a fait de plus drôle depuis l'apparition de Bécassine en 1905 dans La Semaine de Suzette.*"
Il retenait de son meeting, à Toulon, du mercredi 17 janvier, sa proclamation "*J'entends dire qu'il y aurait un trou d'air dans notre campagne. Je vois surtout ce soir un souffle d'air extraordinaire qui va nous porter vers la victoire !*"

J'ai naturellement immédiatement contacté Dominique Dhombres, lui envoyant le CD, stipulant bien que le texte de la parodie fut écrit début juin 2006 (après une intervention de la candidate sur *France-Inter*), déposé à la sacem le 16 juin, présenté peu après sur http://www.desirdelysee.org, enregistré le 17 septembre par Frédérique Zoltane.
Monsieur Dominique Dhombres connaissait peut-être déjà ces informations... en tout cas, il n'en a jamais parlé et il resté comme celui qui osa effectuer le rapprochement Ségolène - Bécassine. Certes sept mois après le parodiste mais comme il écrit dans *Le Monde*...
On me dit qu'aux "*grosses têtes*", sur RTL, madame Royal était surnommée Bécassine... mais aucune diffusion de la chanson... selon mes relevés Sacem.

- Léo Ferré -

Les communistes

I font pas cinq pour cent et pourtant i insistent
La plupart forts en gueule toujours le même blabla
Faut croire qu'malgré l'Histoire i pensent encore comme
ça
Les communistes

Se disent que les Français
Qui gobaient Georges Marchais
Sont quand même pas dev'nus
Futés sous Robert Hue
Sont quelques militants
Qui draguent les mécontents
Rappellent les désertés
À l'autre extrémité

I font pas cinq pour cent et pourtant i persistent
La plupart retraités ou bien chômeurs paumés
On les voit défiler ça passe leur journée
Les communistes

Certains sont de bonne foi
Ce fut toujours comme ça
Avec l'amour du bien
Qui guide leur chemin
Ils savent récupérer
Toutes les naïvetés
Ils ont tell'ment fait d'morts
Qu'ils peuvent en faire encore

*I font pas cinq pour cent et pourtant i insistent
Ils ont tellement menti que c'est comme un accent
Toujours la dialectique de l'anti-Amérique
Les communistes*

Ils ont leur logo rouge
Comme le sang sur leur route
Sont fiers de s'proclamer
L'parti des fusillés
Ils oublient que Staline
S'pourléchait les babines
Qu'il signa l'parchemin
Pour le plan Hitlérien

*I font pas cinq pour cent et pourtant i persistent
I sont plus à genoux d'vant l'grand frère de Moscou
Ne dites pas qu'ils sont fous ils se croient debout
Les communistes*

Œuvre originelle :
LES ANARCHISTES - Léo Ferré

- Gérard Manset -

Il aime la terre

Il voudrait qu'on le laisse faire
Voudrait cultiver ses jachères
Il aime la terre
Il aime la terre

Mais c'est les décrets arbitraires
Et les techniciens agraires
Qui lui disent ce qu'il doit faire
Il aime la terre

Mais il est seul
Sans poids
Sa voix
Nul ne vient, pour l'écouter
Quand il parle de qualité
Dans un monde où y'a plus de place
Pour le bon air

Il voudrait qu'on le laisse faire
Voudrait cultiver ses jachères
Il sait qu'il peut rien y faire
Il aime sa terre

Il remplit des formulaires
Et, puisqu'il n'est qu'un fonctionnaire
Trouve anormale sa misère
Il aime sa terre

Mais il est seul
Sans poids

Sa voix
Nul ne vient, pour l'écouter
Quand il parle de qualité
Dans un monde où y'a plus de place
Pour le bon air

Et voilà le miracle en somme
C'est lorsqu'il voit qu'on l'abandonne
Qu'il griffonne cette chanson et la donne
Qui chante la terre

Œuvre originelle :
Il voyage en solitaire - Gérard Manset

- C Jérôme -

Juppé, c'est moi

Oui, bonjour, ma France, enfin tu penses comme moi
J'ai cru un temps la triste retraite venue
Tu sais, Bordeaux n'est pas mon vrai grand cru
Comme c'est drôle, les sondages qui étaient si bas
Je dois avouer avoir craqué parfois
Quand Sarkozy était tout en joie

Oui, Juppé, c'est moi, je n'ai pas changé
Je suis toujours bien droit dans mes bottes
Je n'attends de vous qu'un bulletin de vote
Puis, je veux, vous voir, le regard bien baissé
J'ai gardé en souvenir d'la tempête
Une photo d'Juppé et ses Juppettes

Oui, Juppé, c'est moi, je n'ai pas changé
Je suis toujours celui qui vous niquait
Qui gouvernait sans jamais écouter
Tiens c'est vrai les jours d'après dissolution
Faut oublier qu'on me traitait de con
Y'a qu'Séguin pour remuer c'couteau-là
Dis, écoute le programme, ça c'est du Juppé ça
Je suis la référence économique
Je vends tout pour un franc symbolique

Œuvre originelle :
Jérôme c'est moi (C Jérôme)

Parfois un texte semble avoir été écrit la veille… et un mot le date... Philippe Séguin est mort avant Martin Malvy.

- Boris Vian -

L'Quercy n'veut pas mourir

Monsieur le président
C'est par une p'tite chanson
Qu'on titille vot' mission
Sur l'air de Boris Vian
Je viens d'apercevoir
À la une d'un torchon
Sur not' tranquille région
L'retour des loup-watt-bards*
Monsieur le président
On ne veut pas l'avoir
Leur haute tension cauch'mar
Ni d'ssus ni d'ssous les gens
C'est pas pour vous fâcher
Il faut qu'on vous le dise
Not' décision est prise
On va s'José Bové

Depuis qu'y'a le progrès
Y'a eu les pollueurs
Y'a eu les bétonneurs
Le triomphe de l'argent
L'pays a tant souffert
Que les coins épargnés
On veut les préserver
Tant pis pour l'nucléaire
On n'peux imaginer
Que votre quinquennat
Puisse commencer comme ça

Par l'électricité
Que des électriciens
En même temps qu'la lumière
Nous apportent le cancer
Quelques années en moins

En c'nouveau millénaire
On attend vot' décret
Que la sécurité
Passe avant les affaires
Le sang contaminé
L'amiante triomphante
C'est pas que ça nous tente
D'être le prochain dossier
C'est peut-être en chantant
Passant sur France-Inter
Qu'on remuera vos sphères
Monsieur le président
Mais s'ils préfèrent dormir
Prév'nez vos députés
Qu'on va les entarter
L'Quercy n'veut pas mourir

* (les loubards des watts)

Œuvre originelle :
LE DESERTEUR (Boris Vian)

Un texte écrit contre le projet de ligne à Très Haute Tension qui menaça de balafrer le Quercy. Mais l'audience de cette chanson fut très limitée : ici comme ailleurs, il faut laisser les installés de la contestation appliquer leurs méthodes...

- Carlos -

Des tartines

Je préfère manger que des tartines
Avec parfois une boîte de sardines
Et même si j'arrive pas à joindre les deux bouts
Au moins j'finis pas la journée sur les genoux

Je préfère manger que des tartines
Avec juste un peu de margarine
Tant pis pour le Bordeaux on a du gros pinard
Je préfère jamais goûter au caviar

Dans une usine ou un bureau pas de place pour la joie
C'est défendu d'monter sur les toits crier j'suis le roi
Ce n'est vraiment pas marrant d'être un pion
Dans mon canapé je suis beaucoup plus grand que Ben-Hur
Dès que j'me mets à imiter Carlos j'ai de l'allure
Et quand des factures m'embêtent, je dévisse ma boîte
                                           aux lettres

Je préfère manger que des tartines
Avec juste un peu de margarine
Tant pis pour le Bordeaux on a du gros pinard
Je préfère jamais goûter au caviar

Dans un bureau ou une usine y'a toujours un p'tit chef
On n'peut même pas lui dire c'est un cerveau qu'il faut
                                         qu'on te greffe
Il n'a qu'à souffler pour changer de pion

Dans mon canapé je lis Platon "La République"
Dès que ça se complique j'écoute de la musique
Sauf quand vient rêver Mademoiselle, on rêve qu'on va vivre au soleil

Je préfère manger que des tartines
Avec juste un peu de margarine
Tant pis pour le Bordeaux on a du gros pinard
Je préfère jamais goûter au caviar

Œuvre originelle :
La cantine (Carlos)

- Luc Plamondon -

Un gagneur pas comme les autres

TAPIE, il s'appelle Tapie
La ville est folle de lui
L'O.M en a pourtant vu d'autres
Mais lui on lui pardonne ses fautes
Même si on sait qu'il ne changera jamais

TAPIE, il s'appelle Tapie
La ville folle de lui
La première fois qu'il est venu
On a tous défilé dans la rue
Il nous l'avait promis
La coupe d'Europe avec lui

Jusqu'à plus d'quatre heures du matin
Chaque match se termine en festin
Il nous fallait quelqu'un
Pour nous relancer motiver
Il sait leur donner de l'envie
Nous on rit, fini d'pleurer
Oui

TAPIE, il s'appelle Tapie
On le dit bandit
Il méritait bien une musique
Y'a son portrait dans les boutiques
C'est lui l'artiste il est d'une autre galaxie

Dans l'placard, reste ce match truqué
On savait qu'ça arrivait

Le tout c'était d'pas être pris
Pour crier, on est les champions
Faut savoir se faire une raison
On est les plus surveillés

Mais TAPIE, il s'appelle Tapie
La ville folle de lui
L'O.M en a pourtant vu d'autres
Et nous on l'aime c'est pas de not' faute
Même si on sait qu'il ne changera jamais

Œuvre originelle :
Ziggy (Starmania)

Compositeur : BERGER MICHEL
Auteur : LUC PLAMONDON, RICE TIM
Editeur : UNIVERSAL MUSIC PUBLISHING, SIXTY FOUR SQUARES MUSIC LTD, PLAMONDON PUBLISHING
Sous Editeur : UNIVERSAL MUSIC PUBLISHING

- Francis Lalanne -

Pleure un bon coup mon p'tit sarko

Pleure un bon coup mon p'tit Sarko
Si ta Carla c'est qu'un fiasco
Tu l'savais avant d'l'épouser
Qu'elle aimait s'amuser
Pleure comme si personne te r'gardait
P't'être que tes sondages vont r'monter
Une Carla qui prend du bon temps
Forcément qu'ça s'entend
J'sais bien qu'tu peux pas la combler
Qu'le matin faut tu ailles bosser
Tu sais bien qu'elle était mannequin
Et qu'elle aime les câlins
Tu sais qu'la fidélité
C'est pas sa première qualité
Tu sais bien que moi j'la fais rire
Qu'ça rime avec désir
Pleure un bon coup mon p'tit Sarko
Si ta Carla c'est qu'un fiasco
Tu voudrais bien nous foutre une baffe
Ça f'rait la une du paf !

Pleure un bon coup mon p'tit Sarko
Prends même une cuite sur not' dos
L'alcool quand il est très très fort
C'est parfois mieux qu'le sport
C'qu'y a c'est que tu comprends pas
Que cette femme est un peu comme toi
La nouveauté ça la grise

Et elle change de chemise
Une poétesse qui dit je t'aime
Faut pas lui parler de tes problèmes
Parler d'Poutine quand elle est nue
Ça peut pas être bien vu
Tu sais bien que c'est normal
Que tout ça c'est juste hormonal
Les hommes sont pas tous comme toi
Le pouvoir passe après la joie

Pleure un bon coup mon p'tit Sarko
Même si tu refuses ce fiasco
J'vais pas te servir des mensonges
Son cœur c'est une rallonge

Pleure un bon coup mon p'tit Sarko
Si ta Carla c'est qu'un fiasco
T'as qu'à passer à la télé
À « qui veut m'épouser »
On fait tous des erreurs
On dit OUI sur un coup de cœur
On est tous un peu des casse-cou
On aime un peu pas beaucoup
Et dès qu'on s'voit sous le même toit
On s'demande pourquoi on est là
Et même si tu veux tout casser
Faudrait te contrôler
Le bouton nucléaire ami
Ça ferait un peu trop de bruit
Mais oui qu'elle te reviendra
Comme l'a fait Cécilia

Pleure un bon coup mon p'tit Sarko
Si ta Carla c'est qu'un fiasco

Dis-toi qu'c'était pas la dernière
Et regarde les stagiaires

Œuvre originelle :
Pleure un bon coup ma p'tite Véro
(Francis Lalanne)

- Pierre Perret -

Fusion Pierre Perret Sarkozy

Afin de respecter nos grands textes
On maquille c'qu'on appelle contexte
On nous assomme de bluettes
De tambours et de trompettes
On nous sert de la nostalgie
On rit de qui réfléchit
Un présentateur très sympathique
N'a même pas besoin d'baguettes magiques
En trois mots il nous plante le décor
Ô gué, ô gué
Pas d'idées mais les gens sont d'accord
Ô gué, ô gué
Des sondages servent de savoir
Les aveux doivent émouvoir
L'audimat décrétera de qui aura le pouvoir
Un portrait robot nous le dessine
Le favori tous ils le câlinent

Tout tout tout
Vous saurez tout sur Sarkozy
C'est c'qu'on nous dit
Chez ses amis
Patrons de presse
Qui le caressent
Le poids des mots
Troc des photos
Des journalistes
Simples copistes

Tout tout tout tout
Ils nous disent tout sur Sarkozy

Sarkozy en homme dur au labeur
Ô gué, ô gué
Humaniste avec certaines valeurs
Ô gué, ô gué
En vélo c'est un sportif
Un vrai de vrai impulsif
Economiste perspicace
En tout il a la classe
Avec Cécilia photos tendresse
Une interview sans tabou ni bassesse
Sarkozy aussi a connu l'malheur
Ô gué, ô gué
Il comprend les chômeurs, les travailleurs
Ô gué, ô gué
La calomnie l'a blessé
Il laisse la justice censurer
Rien n'ébranle son ambition
Il a d'vraies convictions
Ce qui l'horripile c'est les p'tites crapules
Les chewing-gums et les enveloppes à bulles

Tout tout tout
Vous saurez tout sur Sarkozy
C'est c'qu'on nous dit
Chez ses amis
Patrons de presse
Qui le caressent
Le poids des mots
Troc des photos
Des journalistes
Simples copistes

Tout tout tout tout
Ils nous disent tout sur Sarkozy

Sarkozy monsieur sécurité
Ô gué, ô gué
Se porte garant de nos libertés
Ô gué, ô gué
Avec Sarko c'est le truand
Qui rentre chez lui en tremblant
La grand-mère peut promener tranquille ses petits-
                              enfants
Pasqua lui a appris à faire face
Balladur à toujours être efficace
Surtout ne croyez jamais les ragots
Ô gué, ô gué
Caricatures Chirac couteau dans l'dos
Ô gué, ô gué
Chirac c'est comme son tonton
Bernadette lui donne des bonbons
Même De Villepin est venu
On peut dire l'a soutenu
Au grand meeting de Loison sous Lens
Et Raffarin mettait de l'ambiance

Tout tout tout
Vous saurez tout sur Sarkozy
C'est c'qu'on nous dit
Chez ses amis
Patrons de presse
Qui le caressent
Le poids des mots
Troc des photos
Des journalistes
Simples copistes

Tout tout tout tout
Ils nous disent tout sur Sarkozy

Candidat des prolos des aristos
Ô gué, ô gué
Jeune expérimenté aime son boulot
Ô gué, ô gué
Garant de la démocratie
Et en plus merveilleux mari
Ami avec les chinois
Georges Bush il le tutoie
Sociale démocratie européenne
Et la liberté américaine

Tout tout tout
Vous saurez tout sur Sarkozy
C'est c'qu'on nous dit
Chez ses amis
Patrons de presse
Qui le caressent
Le poids des mots
Troc des photos
Des journalistes
Simples copistes
Tout tout tout tout
Ils nous disent tout sur Sarkozy

Œuvre originelle : Le zizi (Pierre Perret)

Cette chanson est interprétée par Stéphane David, dans le
CD SARKOZY SELON TERNOISE.

- Alain Bashung -

Sarko Oh Sarko

J'fais du vélo parmi les badauds et les blaireaux
Et j'fais des descentes même dans les quartiers crados
J'dis hello !, faut bien que j'me mouille

C'est la dernière marche avant que j'sois vraiment tout en haut
J'ai r'trouvé sa confiance malgré l'couteau dans l'dos
J'ai du bol, brave Chichi rigole

Oh Sarko, Sarko
Tu devrais pas faire tant de bruit
Ça plaît pas à tes chers amis
Oh Sarko, Sarko
Y'a Juppé qui veut la guerre
Attend, attend, attend tes gaffes
Comme un frère...

En r'gardant les chiffres des derniers sondages
Y'a Pasqua qui a compris l'étendue d'son naufrage
Ça l'fait blêmir, y prend de l'âge

Tu sais, tu sais, on s'souvient qu't'as grandi dans son ombre
Et qu'dans l'équipe Balladur t'étais du nombre
T'étais un kid, qui a pris des rides

Oh Sarko, Sarko
Tu devrais pas faire tant de bruit
Ça plaît pas à tes chers amis

Oh Sarko, Sarko
Y'a Juppé qui veut la guerre
Attend, attend, attend tes gaffes
Comme un frère...

Sarko j't'ai déjà dit qu't'es bien plus grand que Raffarin
T'es grand comme un général qu'attend son 18 juin...
Ça fait flipper, au feu les pompiers

Aujourd'hui j'ai les mains dans l'cambouis j'voudrais
                                                 qu'on m'aime
J'sens que j'vais finir à plat encore cette semaine
'Core cette semaine

Oh Sarko, Sarko
Tu devrais pas faire tant de bruit
Ça plaît pas à tes chers amis
Oh Sarko, Sarko
Y'a Juppé qui veut la guerre
Attend, attend, attend tes gaffes
Comme un frère...

Alors ça sert à quoi l'pouvoir, si j'baise pas les foules
Ça sert à quoi d's'activer, si Juppé déboule

Titre de l'Œuvre originelle :
Gaby, oh Gaby (Alain Bashung)

- Georges Moustaki -

Le Sarko du métèque

Avec ma gueule de Sarko
De conquérant de démago
Et mon besoin de boniments
Avec mon passé chiraquien
Pasqua était un bon copain
Inutile de mettre des gants

Avec mes dents d'entrepreneur
De Rockefeller de rockweller
Qui ont brisé bien des pantins
Avec mon regard qui a vu
Tant et tant de déconvenues
Sans jamais douter du destin

Avec ma gueule de Sarko
De conquérant de démago
De menteur et d'amnésique
Avec ma femme qui peut quitter
Le navire quand revient l'été
Elle m'a appris la musique

Avec des parents aristos
Qui sont partis comme des prolos
Mais sans perdre le goût du pouvoir
Avec mon frère qui a dû
S'effacer devant une parvenue
On me prédit un tel cauchemar

Avec ma gueule de Sarko
De conquérant de démago
Et mon besoin de boniments
Je dirai qui m'aime me suive
Sauvons la France de la dérive
Enfermons l'chanteur énervant

Et je serai el président
Nico Sarko est enfin grand
Le petit aura su grandir
Et je l'aurai le vrai pouvoir
Je serai beau dans mon miroir
J'arrêterai même de courir

Et je l'aurai le vrai pouvoir
Je serai beau dans mon miroir
J'arrêterai même de courir

Œuvre originelle : *Le métèque* (Georges Moustaki)

Cette chanson est interprétée par Patrice (du Lot-et-Garonne), dans le *CD SARKOZY SELON TERNOISE*.

- J.J. Lionel -

La danse du caviar

C'est la danse du caviar
Dans les allées du pouvoir
Tous veulent être sur la photo
Et crient SAR-KO
Comme Johnny qui fut loubard
Doc Gyneco sans pétard
Remuez comme des veaux
Criez SAR-KO
Pour claquer tous vos kopecks
Invitez des femmes des mecs
Payez-vous un chapiteau
Scandez SAR-KO
Il faut qu'on parle de vous
Montrez qu'vous êtes prêts à tout
Pour vot' champion vot' gourou
Prosternez-vous...

Voter, c'est la fête
Sur un rien ça s'joue
Faut qu'les girouettes
Perdent la tête
Ne voient que nous...

C'est la danse du caviar
Tout l'monde pourra en avoir
Même si vous n'avez pas d'pain
Mais votez bien
Ne soyez pas en retard

Car la danse du caviar
S'ra payée par vos impôts
SAR-KO, SAR-KO
Il vous suffit d'adhérer
Et vous serez invité
Nos buffets sont les plus beaux
Scandez SAR-KO
Ça y est vous avez compris
On s'dit en démocratie
Mais c'est l'jeu du démago
On crie SAR-KO

Voter, c'est la fête
Sur un rien ça s'joue
Faut qu'les girouettes
Perdent la tête
Ne voient que nous...

C'est la danse du caviar
Dans les allées du pouvoir
Tous veulent être sur la photo
Et crient SAR-KO
Pour claquer tous vos kopecks
Invitez des femmes des mecs
Payez-vous un chapiteau
Scandez SAR-KO
C'est la danse du caviar
On s'croirait chez Raymond Barre
Faut avoir du fric c'est tout
Bin oui, c'est tout
Et si on se moque de vous
Les chansonniers j'les emmène
Au sous-sol de la Sacem
Redressez-vous...

Voter, c'est la fête
Sur un rien ça s'joue
Faut qu'les girouettes
Perdent la tête
Ne voient que nous...

C'est la danse du caviar
Dans les allées du pouvoir
Tous veulent être sur la photo
Et crient SAR-KO
Comme Johnny qui fut loubard
Doc Gyneco sans pétard
Remuez comme des veaux
criez SAR-KO

C'est la danse du caviar
Tout l'monde pourra en avoir
Même si vous n'avez pas d'pain
Mais votez bien
Ne soyez pas en retard
Car la danse du caviar
S'ra payée par vos impôts
SAR-KO, SAR-KO

Œuvre originelle : *la danse des canards*
Auteurs : Tony Rendall - Guy de Paris - Joec
Compositeur : Werner Thomas
Interprète original : J.J. Lionel

Cette chanson est interprétée par Stéphane David, dans le *CD SARKOZY SELON TERNOISE*.

- Maurice Chevalier -

Les nouveaux poteaux de Sarko

C'est un passé qu'on n'oublie pas
Copain cochon avec Pasqua
Le porte-valise de Chichi
On sait qu'il l'a trahi
Pour une aventure Balladur
Avec Léotard font le mur
Les amis de Neuilly
Croient en lui n'ont que lui
Mais tout ça voyez-vous
C'était qu'son enfance
Rien du tout... elle va voir la France !

Avez-vous vu les nouveaux poteaux de Sarko ?
C'est des poteaux, pas vraiment rigolos
Le Carrignon, ne veut plus de la case prison
Gérard Longuet, tu sais fut innocenté
Patrick Devedjan, blanchi, par ses électeurs
Le motard Estrosi, Jacques Médecin fut son parrain
À les voir en rang, tout Paris répétera bientôt
Avez-vous vu les poteaux de Sarko

Voir Borloo avec ces gens
À première vue ça surprend
C'est oublier que lui aussi
Fut avocat pardi
Qu'un avocat défend rarement la loi
La loi oh ! oh ! la loi ah ! ah !
Mais il veut faire gagner son client

On le paye pour ça
Son prix doit être Matignon
Alors Sarkozy
C'est devenu son meilleur ami

Avez-vous vu les nouveaux poteaux de Sarko ?
C'est des poteaux, pas vraiment rigolos
Le Carrignon, ne veut plus de la case prison
Gérard Longuet, tu sais fut innocenté
Patrick Devedjan, blanchi, par ses électeurs
Le motard Estrosi, Jacques Médecin fut son parrain
À les voir en rang, tout Paris répétera bientôt
Avez-vous vu les poteaux de Sarko

Du Poitou on m'pose une question
Pourquoi donc tant d'admiration ?
Pourquoi des médias conquis
Par ce petit Sarkozi
Je vais vous expliquer le pourquoi
Les médias ont fait leur choix
Ils croient qu'c'est mieux pour leurs sous
Rien de plus, c'est fou !
C'est comme ils disent, le choix de la raison et du cœur
Faire des affaires c'est tout leur bonheur

Œuvre originelle :
Le chapeau de Zozo
(René Sarvil / Charles Borel - Clerc)
Interprète originel : Maurice Chevalier

- Hervé Vilard -

Jospin, c'est fini

Nous n'verrons plus jamais
Cette image de la France
Nous n'verrons plus jamais
Son p'tit sourire crispé
Nous n'oublierons jamais
Ce soir d'affreuse offense
Nous n'oublierons jamais
Ces cinq belles années
Jospin, c'est fini
Et dire qu'c'était l'président
Qu'on voulait pour cinq ans
Jospin, c'est fini
Je ne vois pas
D'époustouflant come-back gagnant...
Jospin, c'est fini
Et dire qu'c'était l'président
Qu'on voulait pour cinq ans
Jospin, c'est fini
Je ne vois pas
D'époustouflant
Come-back gagnant...

Nous n'verrons plus jamais
Cette image de la France
Nous n'verrons plus jamais
Son p'tit sourire crispé
Parfois je voudrais bien
Me dire nous revotons

Mais après le naufrage
Faut se faire une raison
Jospin, c'est fini
Et dire qu'c'était l'président
Qu'on voulait pour cinq ans
Jospin, c'est fini
Je ne vois pas
D'époustouflant
Come-back gagnant...
Jospin, c'est fini
Et dire qu'c'était l'président
Qu'on voulait pour cinq ans
Jospin, c'est fini
Je ne vois pas
D'époustouflant
Come-back gagnant...

Nous n'verrons plus jamais
Mais moi je les lirai
Tout c'qui s'f'ra comme bouquins
Sur ce coup du destin
Nous n'oublierons jamais
Ces cinq belles années
Nous n'oublierons jamais
Non jamais, non jamais
Jospin, c'est fini
Et dire qu'c'était l'président
Qu'on voulait pour cinq ans
Jospin, c'est fini
Je ne vois pas
D'époustouflant
Come-back gagnant...
Jospin, oh c'est fini

Et dire qu'c'était l'président
Qu'on voulait pour cinq ans
Jospin, c'est fini
Je ne vois pas
D'époustouflant
Come-back gagnant...

Oh Jospin, oh c'est fini
Et dire qu'c'était l'président
Qu'on voulait pour cinq ans
Jospin, c'est fini
Je ne vois pas
D'époustouflant
Come-back gagnant...
Jospin, c'est fini
Et dire qu'c'était l'président
Qu'on voulait pour cinq ans
Jospin, c'est fini
Je ne vois pas
D'époustouflant
Come-back gagnant...

Œuvre originelle : *Capri, c'est fini,* Hervé Vilard

- Tino Rossi -

Petite poupée Royal

C'est la revanche d'une péronnelle
Comme l'appellent les éléphants
Bla bla je suis une gazelle
À genoux, mes p'tits Don Juan
Gare à qui m'jette la première pierre
Car François est derrière

> *Petite poupée Royal*
> *Quand tu gagneras ton graal*
> *Avec des promesses par milliers*
> *N'oublie pas d'les réaliser*

Sont, v'nus te soutenir
Faudra bien les entret'nir
Chevènement chevauche derrière toi
Même Jack Lang se voudrait sous toi

Tant pis pour qui attend la relève
C'est juste quelques barbes coupées
Des liftings mais toujours la même sève
Julien Dray embourgeoisé

> *Petite poupée Royal*
> *Quand tu gagneras ton graal*
> *Avec des promesses par milliers*
> *N'oublie pas d'les réaliser*

La marchande de sable s'est levée
Les éléphants au Zoo

Les beaux discours sont préparés
Faire croire qu'on écoute les gogos
C'est ainsi qu'ils vous élisent
Et après n'en faire qu'à sa guise

Et quand tes dents serreront le fromage
Laisse-nous chanter cette chanson
Même s'il ne te plaît pas notre message
C'est quand même mieux qu'du Souchon

Petite poupée Royal
Quand tu gagneras ton graal
Avec des promesses par milliers
N'oublie pas d'les réaliser

Œuvre originelle : *Petit Papa Noël*, Tino Rossi

- Daniel Guichard -

L'odieux

Avec ses vieux thèmes recyclés
On le revoit à la télé
Baver ses amalgames foireux
L'odieux

L'immigration c'est sa rengaine
On sent la haine dans sa dégaine
Ses longs discours suintent un peu
L'odieux

Les peurs il en fait ses compères
On sait comment il prospère
Comment la bête immonde grandit
Oh oui, grandit

Avec ses vieux thèmes recyclés
Il a posé en censuré
Les médias sont tombés dans l'jeu
D'l'odieux

J'l'imagine entre deux rots
Cherchant c'qu'il appelle un bon mot
Un calembour trop pernicieux
Odieux

Comme sa vie doit être monotone
On voit bien qu'il n'aime personne
Un pauvre type plutôt malheureux
J'suis sûr, l'odieux

Avec ses vieux thèmes recyclés
Il a pourri la société
Des clones marchent sur ses pas boueux
D'l'odieux

Lui qu'édita des chansons
Pas du reggae, ni d'rock, ni d'sons
C'était plutôt militaireux
Avec l'odieux

On s'croyait pourtant protégés
On s'disait si civilisés
Et c'est une si grande régression
Sommes-nous, si con !

Dire qu'sa fille va lui succéder
Comme quoi les femmes peuvent disjoncter
Y'aurait préféré un morveux
L'odieux

On pourrait le traiter d'crétin
Ajouter tagada tsoin tsoin
Dès qu'il joue l'candidat sérieux
L'odieux

Mais quand on change de président
Y'a du droit d'antenne pour ces gens
On dit qu'ça permet le débat
J'crois pas

Quand on voit notre démocratie
C'est d'un Coluche qu'a b'soin l'pays
Lui dirait sans élever la voix
« casse-toi »

Œuvre originelle : *Mon vieux* (Daniel Guichard)

- Jean-Jacques Goldman -

Encore un pantin

Encore un pantin
Un pantin crétin
Une coquille vide caca boudin
Encore un pantin
Un d'ces moins que rien
Présenté comme un type bien

Pantin pour distraire ou bien pantin pour faire vendre
Pour que personne cherche à comprendre
Pantin pour plumer, médire ou faire mousser
Manipuler ou bien berner

Encore un pantin
Qui cherche qu'on l'écoute
Pantin paumé cherche une route
Encore un pantin
Veut vous rendre heureux
Vous jure qu'il va mettre le feu

Un pantin, ça ne sert à rien
Un pantin
Un lilliputien
Ce pantin
C'est du rien, c'est un chien
Un pantin de rien
C'est en fait
Un margoulin

Encore un pantin
Veut dev'nir notable
Responsable mais jamais coupable
Encore un pantin, envie et ennui
Recherche un bon plan pour la nuit
Pantin mise sur le piston ou la chance
Veut bien salir contre récompense
Pantin connivence, Pantin belle éloquence
Sait masquer ses ignorances

Un pantin, ça ne sert à rien
Un pantin
Un lilliputien
Ce pantin
C'est du rien, c'est un chien
Un pantin de rien
C'est en fait
Un margoulin

Œuvre originelle :
Encore un matin (Jean-Jacques Goldman)

- Mike Brant -

C'est ma cuillère

C'est ma cuillère
Laisse-la moi
C'est ma cuillère
Tu ne l'auras pas
C'est ma cuillère
Comprends cela
C'est ma cuillère
Ma vraie soeur ici-bas
C'est le cadeau de ma mère
Mon premier anniversaire
Sur les photos on la voit
Tu n'as qu'à suivre mon regard
Avec elle je suis fier
Tu sais que c'est la cuillère
D'mes premières pommes de terre
C'était un matin d'été
Je n'voulais pas manger
Mais elle m'a décidé

C'est ma cuillère
Respecte-la
C'est ma cuillère
Elle fait partie de moi
C'est le cadeau de ma mère
Mon premier anniversaire
Sur les photos tu vois tu n'as qu'à suivre mon regard
Avec elle je suis fier
C'est ma cuillère

Laisse-la moi
C'est ma cuillère tu ne l'auras pas

Œuvre originelle...
C'est ma prière (Mike Brant)

Ce chef d'œuvre de la chanson français a pour auteur le toulousain Richard Seff... "logiquement" devenu membre du Conseil d'Administration de la Sacem !

- Grand Corps Malade -

Le permis d'aimer

J'te jure faut créer l'permis d'aimer demain matin
Comme quand tu veux conduire tu ouvres d'abord un bouquin
Ça t'évite de t'emballer et de percuter le premier clochard
Ça t'évite d'être flashé en couleur au premier radar

Les routes sont plus sûres depuis la création du permis à points
Même si les deux trois premiers matins ça a fait tout un foin
En amour comme sur les routes on meurt faute de sécurité
Pourtant les virages et les croisements sont toujours signalés
Mais tu vois pas toujours qu'ta copine elle croise un fonctionnaire
Et t'as beau faire, t'as appelé la sécurité routière
Elle saute par la portière même si elle oublie ses bagages
Elle s'ra pas avec toi pour sourire au prochain péage

Au péage la fille dans son petit baraquement
A déjà compris que t'es sur une voie d'égarement
Justement elle va dans quelques minutes laisser sa place
T'as bien envie de lui proposer un café ou une glace

T'en es encore à te demander quel peut bien être son âge
Qu'elle sait d'puis longtemps qu't'as envie d'un excès d'vitesse dans son corsage
T'as même pas remarqué qu'la DDE limite à 60 à l'heure
Avec des panneaux oranges qui s'envolent au vent et font ton malheur

T'as déjà deux points en moins et t'as encore envie d'elle
Tu te souviens alors d'être déjà venu dans un p'tit hôtel
Tu lui dis que tu veux entrer pour toujours dans son cœur
Elle te rétorque « j'sais bien qu'tu vises pas aussi haut
mon p'tit branleur »
Son humour te bloque les roues comme un frein à mains
de Jaguar
Maint'nant elle a envie d'un sandwich au resto de la gare
T'oses pas lui dire non t'as bien trop peur qu'une telle
princesse se vexe
Et c'est le deuxième excès de vitesse dans l'avenue
Duralex

En voiture comme en amour t'en as marre de perdre des
points
Comme t'es en récidive l'agent te dit que ce sera trois en
moins
En plus t'es dans une ville où y'a jamais de place près de
la gare
Le mieux c'est encore d'aller prendre un verre chez Edgar

En amour comme en voiture les pauses sont souvent le
début du pétrin
Tu bois et tu oublies qu'on a changé les règles du
quotidien
Avec un brave député tout PV sautait dans l'heure
Quand t'ouvrais un cœur c'était pour une vie d'vrai ou
faux bonheur

T'as compris dès qu't'as vu les gyrophares qu't'allais
souffler dans l'ballon
Ils t'ont demandé ton permis et t'ont juste dit
« confiscation »

Elle a appelé un taxi et t'a traité d'pauvre imbécile
La fourrière emmenait déjà ta Twingo quand elle t'a lâché ce missile

Tu pensais déjà l'inscrire comme co-conductrice
Mais pauvre vieux c'était qu'une petite auto-stoppeuse
Monté avec toi parce que t'allais dans la bonne direction
Selon Saint Ex s'aimer c'est regarder dans la même direction
Saint-Exupéry se souciait déjà des bonnes directives
J'y pense parfois quand je me sens complètement à la dérive
J'ai même plus un seul point pour continuer le voyage
La durite a explosé et j'ai le visage en nage

On croit que la voiture ça fait de nous des reines et des rois
Un jour on découvre qu'on peut tout simplement aller marcher dans les bois
Le matin un petit footing et traîner le soir très tard
D'abord on marche seul puis on croise des tonnes de regards

En amour comme en voiture ivresse et vitesse nous sont fatals
Les grands voyages font d'la pollution pour voir qu'du banal
En amour comme en voyage j'm'en réfère à Confucius
Et pour mes plus grandes virées je fais confiance au bus

Œuvre originelle :
Les voyages en train (GRAND CORPS MALADE)

- Sheila -

Le roi de l'UMP

Comme l'UMP en rangs serrés
Se prosternait devant le p'tit Juppé
Ils le suivront on sait qu'ils sont moutons
Fidèles dès qu'il s'agit de leurs p'tites ambitions

Comme l'UMP en rangs serrés
Se prosternait devant le p'tit Juppé
Comme le RPR du temps Chirac perdant
Jurait qu'après la pluie vient toujours le beau temps

Qu'aux présidentielles ils soient les maîtres
Qu'ils puissent se partager les bonnes places
Qu'aux présidentielles on voit aux fenêtres
Pas un gramme de populace

Comme l'UMP en rangs serrés
Suivait confiant son héritier Juppé
Leur champion, leur amour de raison
Leur unique ambition, c'est les grandes élections

Qu'aux présidentielles les promesses n'engagent
Que ceux qui voudront bien les croire
Qu'aux présidentielles la gauche fasse naufrage
Sarko dans les livres d'histoire

Comme l'UMP en rangs serrés
Suivait confiant son héritier Juppé
Comme le RPR du temps Chirac perdant
Jurait qu'après la pluie vient toujours le beau temps

Œuvre originelle : tweedle dee tweedle dun
En français : Les rois mages (SHEILA)

L'époque est aux gays

Donne-moi ta queue et prends la mienne
On n'a plus besoin de se cacher
Ni d'redouter qu'la voisine survienne
Allez allez l'époque est aux gays

Ce soir on invite quelques mignons
Des qu'y'aiment les gorgées acidulées
Rien que d'y songer c'est l'érection
Allez allez l'époque est aux gays

Donne-moi ta queue et prends la mienne
On n'a plus besoin de se cacher
Ni d'redouter qu'la voisine survienne
Allez allez l'époque est aux gays

J'ai toujours 17 ans semelles au vent
J'aime la drague
Toi tu m'rappelles souvent qu'sous des gouvernements
On s'rait au goulag

Donne-moi ta queue et prends la mienne
On n'a plus besoin de se cacher
Ni d'redouter qu'la voisine survienne
Allez allez l'époque est aux gays

Donne-moi ta queue et prends la mienne
Même un quart d'heure faut en profiter
Faut prendre les plaisirs quand ils surviennent
Allez allez l'époque est aux gays

J'sais qu't'aimes c'qu'on appelle un café crème
N'hésite pas à bien le faire mousser
Quand y'a pas d'tabou y'a pas d'problème

Allez allez l'époque est aux gays

Œuvre originelle :
L'école est finie (sheila)

- Chansons traditionnelles -

Sarko sa femme et la flicaille

Lundi matin
Sarko, sa femme et la flicaille
Sont venus chez moi pour montrer qu'ils travaillent
Comme j'étais en règle, Sarkozy a dit
Puisque c'est ainsi nous reviendrons mardi

Mardi matin
Sarko, sa femme et la flicaille
Sont venus chez moi pour montrer qu'ils travaillent
Comme j'étais en règle, Sarkozy a dit
Puisque c'est ainsi nous reviendrons mercredi

Mercredi matin...

Jeudi matin...

Vendredi matin...

Samedi matin...

Dimanche matin
Sarko, sa femme et la flicaille
Sont venus chez moi pour montrer qu'ils travaillent
Comme j'étais en règle, Sarkozy a dit
Puisque c'est ainsi veuillez quitter le pays

Adaptation d'une œuvre du domaine public :
L'empereur et le petit prince

La reine Bernadette

La bonne reine Bernadette
Lui a mis cette idée en tête
Le miraculé lui dit
Ô ma reine, votre protégé personne le connaît
C'est vrai, lui dit la reine
Nos français aiment qu'on les surprenne

La bonne reine Bernadette
Promène sa vedette en goguette
Le grand Saint ChiChi lui dit
Ô ma reine, votre Raffarin est un magicien
C'est vrai, lui dit la reine
Il me surprend l'énergumène

La bonne reine Bernadette
Voit le déficit et la dette
Le grand d'Elysée lui dit
Ô ma reine, votre préféré est bien essoufflé
C'est vrai, lui dit la reine
Il manque un peu d'oxygène

La bonne reine Bernadette
A senti venir la tempête
Le grand de l'ONU lui dit
Ô ma reine, le Raffarin nous met dans le pétrin
C'est vrai, lui dit la reine
Parfois il me fait de la peine

La bonne reine Bernadette
N'aime pas l'odeur des défaites
Le grand capitaine lui dit
Ô ma reine, faut qu'il tienne jusqu'aux Européennes

C'est vrai, lui dit la reine
Sa tête tomb'ra à la prochaine

La bonne reine Bernadette
A entendu la chansonnette
Le grand fredonneur lui dit
Ô ma reine, j'peux pas enfermer tous les chansonniers
C'est vrai, lui dit la reine
Mais qu'au moins on les prive d'antenne

La bonne reine Bernadette
Sait que les magistrats s'entêtent
Le grand magouilleur lui dit
Ô ma reine, j'rest'rais bien là encore un quinquennat
C'est vrai, lui dit la reine
Mon ami tenez bien les rênes

Adaptation d'une œuvre du domaine public :
Le bon roi Dagobert

Français, tu dors

Français, tu dors
Ton Sarko, ton Sarko
Va trop vite
Français, tu dors
Ton Sarko, ton Sarko
Va trop loin
Ton Sarko, ton Sarko
Va trop vite
Ton Sarko, ton Sarko
Va trop loin

Adaptation chanson traditionnelle : Meunier, tu dors

Par les coucougnettes

Je te tiens
Tu me tiens
Par les coucougnettes
Le premier
De nous deux
Band'ra
Se met en levrette

Adaptation chanson traditionnelle : La barbichette

Sarkozizi méchant Sarkozizi

Refrain :
Sarkozizi, méchant Sarkozizi
Sarkozizi, tu nous plumeras

1.
Tu nous plumeras nos rêves (bis)
Et nos rêves (bis)
Sarkozizi
Ah !

Au refrain

2.
Tu nous plumeras nos droits (bis)
Et nos rêves (bis)
Sarkozizi
Ah !

Au refrain

3. Tu nous plumeras les vieux (bis)…
4. Tu nous plumeras les mecs (bis)…
5. Tu nous plumeras les meufs (bis)…
6. Tu nous plumeras les blancs (bis)…
7. Tu nous plumeras les blacks (bis)…
8. Tu nous plumeras les beurs (bis)…

Adaptation d'une œuvre du domaine public : *Alouette*

Les éléphants font font

Ainsi font, font, font
Les éléphants du P.S.
Ainsi font, font, font
Trois élections
Et s'foutent des gnons

Adaptation d'une œuvre du domaine public :
Ainsi font, font, font

Dansons la sarkoline

Dansons la sarkoline
Y'a plus de pain chez nous
Y'en a chez la rupine
Mais ce n'est pas pour nous
You !

Dansons la sarkoline
Y'a pas de vin chez nous
Y'en a chez la rupine
Mais ce n'est pas pour nous
You !

Dansons la sarkoline
Y'a du désir chez nous
Ça cogne chez la rupine
On vit de peu chez nous
You !

Adaptation chanson traditionnelle : *Dansons la capucine*

Dédiée à Florence Parisot

Il court, il court, le Sarko

Il court, il court le Sarko
Le Sarko d'la place Beauvau
Il court il court le Sarko
Le Sarko du Sarko show

Il est passé par Neuilly
Il est grand sur nos écrans

Il court, il court le Sarko
Le Sarko d'la place Beauvau
Il court il court le Sarko
Le Sarko du Sarko show

Adaptation d'une œuvre du domaine public :
Il court, il court le furet

Cette chanson est interprétée par Vazzo, dans le *CD SARKOZY SELON TERNOISE*.

- Vincent Delerm -

Vincent Delerm pas moi

Pas besoin de tendre la main
Quand on est l'fils d'un écrivain
Qui a des relations et tout ça
Vincent Delerm pas moi

J'imagine leurs soirées d'rupins
Avec les commentaires crétins
« Je suis un jeune indépendant
Comme les gens sont charmants »

Y'en a pas fait d'bouquin mon père
De ses dernières gorgées de bières
Ça fait une sacrée différence
Du piston à l'indifférence

Moi j'essaye de prendre ma revanche
Alors que t'es dans les bonnes manches
Tu fais clin d'oeil à tes parents
C'est piteux mais ça se comprend

J'vais pas jouer au mec envieux
J'fais juste dans l'irrévérencieux
Comme devraient l'être les médias
Mais faut plaire au papa

Ai-je pu changer votre regard
Sur ce milieu de loups d'renards
Les gosses de stars ont toutes leurs chances
Evidemment, ils font d'l'audience

Y'en a pas fait d'bouquin mon père
De ses dernières gorgées de bières
Ça fait une sacrée différence
Du piston à l'indifférence

Moi j'essaye de prendre ma revanche
Alors que t'es dans les bonnes manches
Tu fais clin d'oeil à tes parents
C'est piteux mais ça se comprend

Y'en a pas fait d'bouquin mon père
De ses dernières gorgées de bières
Ça fait une sacrée différence
Du piston à l'indifférence

Moi j'essaye de prendre ma revanche
Alors que t'es dans les bonnes manches
Tu fais clin d'oeil à tes parents
C'est piteux mais ça se comprend

Pas besoin de tendre la main
Quand on est l'fils d'un écrivain
Qui a des relations et tout ça
Vincent Delerm pas moi

Vincent Delerm pas moi
Vincent Delerm pas moi
Vincent Delerm pas moi...

Titre de l'Œuvre originelle :
FANNY ARDANT ET MOI

Le Vincent Velib

Le Velib sera peut-être
Le sauveur de la planète
On peut très bien être vert
Et révolutionnaire
À Paris en Vélib crois-moi
On dépasse les bourgeois
Les bouchons les arrêtent
Les sportifs jouent d'la sonnette

Tu l'prends place de la Concorde
Traverses le pont d'la Concorde
Après quinze ans sans vélo
Fait bien chaud sous ton manteau
D'vant l'Assemblée Nationale
L'panneau « Hôtel des Invalides »
Un mauvais pressentiment
De ton Vélib tu descends

Mais t'es prêt à recommencer
Du quai d'Orsay à l'Elysée
Ça y est maintenant t'es un champion
Tu vas voir comment c'est Matignon
La magie opère tu rêvasses
Qu'à l'arrivée quelqu'un te masse
Ça f'rait d'la création d'emploi
Au Vélib tout l'monde y viendra

D'un palace tu sors à plat
T'arrives pas Pont de l'Alma
T'as une roue qui éclate
Au premier coup d'savate
Tu peux te mettre à gueuler

Mais l'vélib t'a sauvé
Quand t'es trop délirant
Le Vélib démarre rar'ment

Gare du Nord Gare St Lazare
Rue d'la Paix rue Vaugirard
En Vélib tu respires
Ce Monopoly t'fait rire
Avant pour te garer
Trois quart d'heure tu tournais
Maintenant tu milites
Pour que tout l'monde t'imite

Quai d'Orsay St Germain des Près
Tu le fais sans te reposer
T'as vraiment la Vélib passion
T'es le t'Ché d'l'anti pollution
La magie opère tu rêvasses
Qu'à l'arrivée une fille te masse
Son beau Vélib elle le prendra
Roue à roue jusqu'à l'Opéra

Parlé :

Au Vélib notre ville s'adaptera

Les montées les descentes on les supprimera
Tu le proclames « il est impératif que chaque quartier soit plat »
Le Vélib pour ceux qui n'auraient pas suivi c't'une bonne vieille bicyclette
Qu'on prend comme un caddie à la superette
Faut une carte rectangulaire
Un abonn'ment ! Et l'envie d's'y mettre

En ville la voiture n'a plus sa place
L'odeur d'essence c'est dégueulasse
Alors j'suis prêt à faire comme vous
Délanoé aime tell'ment les roues

Œuvre originelle :
Tes parents – Vincent Delerm

- Jacques Brel -

Dites, si Jospin se représentait

Dites, dites, si c'était vrai
S'il allait vraiment se représenter, une troisième fois
Dites, si c'était vrai
S'il cherchait l'occasion d'annoncer son retour, son
                                              come back
Pour faire taire Hollande, Fabius, Jack Lang
Dites, si c'était vrai
Qu'il n'avait toujours pas compris sa défaite, sa baffe
Et ses erreurs
Dites, si c'était vrai
Si c'était vrai le pacte avec Jacques Chirac
Soixante-neuf l'âge gagnant
Dites, si c'était vrai
Que vraiment il nous mentait quand il disait Adieu
C'était juste mots de circonstance
Vous savez bien, quand il dit FINIT, quand il dit LA
                                                RETRAITE
Si c'était vrai tout cela
Je dirais NON
Oh, ça c'est sûr, je dirais NON
Car ses erreurs il nous les f'rait payer
Elles sont non assumées

Œuvre originelle : Dites, si c'était vrai (Jacques Brel)

Ne déchire pas

Ne déchire pas
Il faut publier
Tu peux publier
Tu en as le droit
Publier même sans
Editeur tordu
Leurs sous-entendus
Et leurs boniments
Publier fait peur
Quand on ne sait pas
Qu'il suffit crois-moi
D'un bon imprimeur
Ne déchire pas (4)

Moi je les lirai
Tes perles de nuit
Venues de sursis
Où tu ne dors pas
Je crierai tes vers
Sur la scène d'Alfort
Et même d'Astaffort
Devant Dieu le père
Je boug'rai des dolmens
Pour qu'on parle de toi
De cette nouvelle voie
Que les gens comprennent
Ne déchire pas
Ne déchire pas
Ne déchire pas
Ne déchire pas

Ne déchire pas
Qui retrouverait
Ces mots condensés
Que tu écris là
Je te parlerai
De ces savants-là
Qui ont eu cent fois
Des œuvres refusées
J'te f'rai rencontrer
C'lui par hasard roi
Quand Gallimard pas-
Sa sans le signer
Ne déchire pas
Ne déchire pas
Ne déchire pas
Ne déchire pas

On a vu souvent
Destinés au feu
Des feuillets maintenant
Qu'on dit fabuleux
Il est paraît-il
Des vers brûlés
Qui feraient trembler
Plus d'une jeune fille
Après l'purgatoire
Où personne n'y croit
Le rouge et le noir
Ne s'impose-t-il pas
Ne déchire pas
Ne déchire pas
Ne déchire pas
Ne déchire pas

Ne déchire pas
Tu ne vas plus douter
Tu ne vas plus compter
Sur tout leur tralala
Tu vas t'éditer
C'est ça l'avenir
Tu vas leur montrer
Qu'on peut s'en sortir
Et même réussir
À sortir de l'ombre
L'ombre de ces nains
L'ombre de ces requins
Ne déchire pas
Ne déchire pas
Ne déchire pas
Ne déchire pas

Œuvre originelle : Ne me quitte pas (Jacques Brel)

Désolé Bay - let

Désolé Bay - let
J'aime pas ton torchon
Ta dépêche du midi
Méprise la création
Pue un peu trop l'rugby
Pollue notre région
T'aimes pas les écrivains
Dans tes rédactions
Désolé Bay - let
J'aime pas les torchons

Désolé Bay - let
J'aime pas ton Golfech
Qu'on retrouve l'uranium
Au bout des cannes à pêche
Qui essaime en pylônes
Qui tue par ses brèches
Quand je vois cette fumée
Mes couplets partent en flèches
Désolé Bay - let
J'aime pas ton Golfech

Désolé Bay - let
J'aime pas les fils de
Ceux qui fanfaronnent
Tous ces petits merdeux
Le Tarn-et-Garonne
Toujours Bay - letisé
Il serait temps d'le libérer
Besoin de pluralité
Désolé Bay - let
J'aime pas les fils de

Désolé Bay - let
J'aime pas ton gauchon
Ton parti radical
La tribu Bay - letons
Qui trône sur quelques cantons
Où la médiocrité s'installe
Où les ânes font leurs bêlons
Pour quelques subventions
Désolé Bay - let
J'aime pas ton gauchon

Désolé Bay - let
J'aime bien cette chanson
Désolé Bay - let
Si j'gâche tes soirées
Il pleut, il pleut Bay - let
Prends garde à ces couplets
Prends garde aux chansonniers, Bay - let
Un soir tu vas bêler
Désolé Bay - let
J'aime cette chanson

Désolé Bay - let
J'aime pas ton torchon
Ta dépêche du midi
Méprise la création
Pue un peu trop l'rugby
Pollue notre région
T'aimes pas les écrivains
Dans tes rédactions
Désolé Bay - let
J'aime pas les torchons

Bêêêêêêêêêêh

Œuvre originelle :
Les moutons (Jacques Brel)

Je vis dans le Sud-Ouest où le PRG et la Dépêche du Midi ont peu de concurrence sur leur marché respectif.

- Johnny Hallyday -

Quelque chose de Raffarin

Intro féminine :
À vous autres, hommes fourbes et ambitieux
Qui perdez des décennies à truquer le jeu
Il faut qu'un sourire au-dessus de votre épaule
Démasque ce mauvais rôle, sourire tendre et cruel

On a tous
Quelque chose en nous de Raffarin
Cette volonté de plaire en n'faisant rien
Ce désir fou qu'on dit Elyséen
Ce rêve de passer pour quelqu'un de bien

Quelque chose de Raffarin
Cette manière de poser en homme serein
Y'a peu d'action mais tell'ment d'baratin
Si peu d'action quand on bâille dès l'matin
Quelque chose en nous de Raffarin

Ainsi gouverne Raffarin
Pour les rapaces d'en haut on le sait bien
Avec raffin'ment d'mauvaise foi malsain
Parler d'la France d'en bas comme un suzerain

Quelque chose de Raffarin
Être content d'être monté dans le bon train
Quand tout l'monde cherchait un autre poulain
Auprès d'Bernadette il crut au destin
Et à huit mains z'ont fait deux bouquins

Ainsi triompha Raffarin
Et le Juppé en perd son latin
L'retour du bougonn'ment Pompidolien
Il se croit divin et presque un saint
C'est rassurant un léger embonpoint
Quelque chose de Raffarin
Oh oui Raffarin
Y'a quelque chose en nous de Raffarin

Titre de l'Œuvre originelle :
Quelque chose de Tennessee (écrit par Michel Berger)
Première production : Johnny Hallyday en 1985

Aucun de nos grands humoristes n'a souhaité défendre cette parodie mais quelques années plus tard, « quelqu'un » a créé "*Quelque chose de Sarkozy*."
Après visite de http://www.parodiesdechansons.com ?

Quoi google

Quoi google
Qu'est-ce qu'il a google
Quelque chose qui ne va pas
Il ne te répond pas
Va pas me dire qu'il a pas compris
T'as dû te gourer dans les mots
Souvent une seule requête suffit
Pour trouver le site à propos.

Quoi google
Qu'est-ce qu'il a google
Ailleurs parfois faut payer
Pour être référencé
Mais les internautes ont compris
Qu'avec VOILA c'est l'agonie
Google je te l'ai déjà dit
C'est lui qui a changé ma vie

Quoi google
Qu'est-ce qu'il a google
Quoi google
Qu'est-ce qu'il a google

Quoi google
Oui c'est le triomphe google
On est dans l'ère google
Wanadoo doit être jaloux
Comme quoi l'talent peut s'imposer
Sans lui Internet serait flou
Google devrait être décoré

Quoi google
Qu'est-ce qu'il a google
De requêtes en requêtes
Il fait aimer Internet
Les nuits blanches ne sont plus lugubres
À s'abrutir d'vant une télé
Il ouvre des horizons en nombre
Il sait guider sélectionner

Quoi google
Qu'est-ce qu'il a google
Quoi google
Qu'est-ce qu'il a google

Quoi google
Qu'est-ce qu'il a google
Je m'en fous des jeux d'mot
Au moins il est réglo

C'est pas comme des intermédiaires
Qui font dans le foutage de gueule
Ils prétendent te rendre plus populaire
Pour être mieux placé sur google

Œuvre originelle *Ma gueule* de Johnny Hallyday

Un Juppé abandonné

Y'a des ovations qui l'accueillent
C'est le plus couillon d'entre nous
Disent ainsi ceux qui font leur deuil
Ça le rend fou

Tout le monde loue ses qualités
Ose même le mot d'intégrité
D'homme d'État qui connut la gloire
Une certaine idée du pouvoir

Il reste bien droit dans ses bottes
Il reste bien droit dans ses fautes

C'est un Juppé abandonné
Qui a vécu sans philosopher
Sûr que Venise est conseillé
Pour lui
Une décennie

Parce qu'il a su se sacrifier
Pour éviter de l'éclabousser
Son Chirac l'invite à dîner
Mais lui
Il sait bien que c'est fin

Et Bordeaux qui l'attend
Le voulait pour 30 ans
Sans qu'il parle, elle comprend
C'est cuit

Comme c'est con la justice
Comme c'est con d'être has been
Sans avoir été in

Sur cette pente où l'on glisse

Il reste bien droit dans ses bottes
Il reste bien droit dans ses fautes

C'est un Juppé abandonné
Qui a vécu sans philosopher
Sûr que Venise est conseillé
Pour lui
Une décennie

Parce qu'il a su se sacrifier
Pour éviter de l'éclabousser
Son Chirac l'invite à dîner
Mais lui
Il sait bien que c'est fin

Putain d'démocratie
Où le passé vous suit
C'est foutu il le sait
Son rêve de l'Elysée
Ce rêve c'est comme l'épée
Ce rêve faut pas tomber
Jamais s'faire condamner

Œuvre originelle : le chanteur abandonné (Johnny Hallyday), un texte écrit en 1985 par Michel Berger.

- Michel Sardou -

Sardou et Sarkozy

Si Sarkozy n'était pas là
Nous serions tous en Chiraquie
À revoter comme des oies
À l'appeler Démocratie

Bien sûr le quinquennat raté
N'a pas grandi notre pantin
Mais la gauche s'est tell'ment flinguée
Qu'un remake n'est pas incertain

Un gars venu de Hongrie
Dit « moi j'ai la gueule de l'emploi »
Il montre au vieux la sortie
Fort du soutien des médias

Sûr que le quinquennat raté
Il en fut le numéro un
Mais la vérité maquillée
Ça donne « la rupture » à tous crins

Si Sarkozy n'était pas là
Nous serions tous en Chiraquie
À revoter comme des oies
À l'appeler Démocratie

Œuvre originelle :
Les ricains (Michel Sardou / Guy Magenta)

Etre un gauchiste

Dans un grand saut de colibri
Pour taquiner mon Sarkozy
J'ai imaginé sans remord
Qu'un matin je changeais de bord
Que je jurais aux journalistes
D'être gauchiste

Gauchiste des années soixante
L'aventure Mao me tente
J'apprends par cœur son programme
Et sans prompteur le proclame

Gauchiste des années soixante
À la réplique cinglante
Défilant sur le macadam
Prêt à poignarder les gendarmes

Etre un barbu les yeux hagards
Fixant rencard dans les hangars
Préparant l'artillerie
Pour abattre la démocratie

Endoctriné par un vieux
Croisé du côté de Jussieu
Un gars qu'y a pas fait son service
Et qui sait chanter du Elvis

Gauchiste ami des cubains
Prêt à plonger dans le grand bain
Vomissant sur la police
Sur la neutralité des suisses

Gauchiste comme José Bové

Capable d'arracher des navets
Faisant feu contre la République
Mais profitant de l'argent public

Un militant qui vous bassine
Refait le monde d'vant les usines
Après on s'retrouve tous au bar
Il suffit d'boire pour y croire

Gauchiste et calumet d'la paix
Fumant pétard pour me calmer
Certain que ça rend moins con
C'est comme ça qu'je claque mon pognon

Etre président d'association
Bourrer les urnes aux élections
Cracher contre tous les arrivistes
Mais tenir à la tête de liste

Endoctriné par un vieux
Croisé du côté de Jussieu
Au début j'lui disais papa
Des p'tits voyous l'appellent blabla

Gauchiste du côté ouvrier
Mais préférant me maquiller
Un baroudeur sans les bretelles
C'est comme un maçon sans truelle

Vouloir faire péter le système
À part peut-être ma chère sacem
Crier halte à la souffrance
Juste pour la rime avec France

Gauchiste gagnant des millions
Passant à la télévision
J's'rai même prêt à poser tout nu
Pour dénoncer les parvenus

Gauchiste ami de Fabius
Fête de l'Huma on fait l'gugus
On répète les bons mots de Georges
Les riches on rêve qu'on les égorge

Gauchiste des années soixante
L'aventure Mao me tente
J'apprends par cœur son programme
Et sans prompteur le proclame

Gauchiste des années soixante
À la réplique cinglante
Défilant sur le macadam
Prêt à poignarder les gendarmes

Etre un barbu les yeux hagards
Fixant rencard dans les hangars
Préparant l'artillerie
Pour abattre la démocratie

Gauchiste ami des cubains
Prêt à plonger dans le grand bain
Vomissant sur la police
Sur la neutralité des suisses

Gauchiste comme José Bové
Capable d'arracher des navets
Faisant feu contre la République
Mais profitant de l'argent public

Etre président d'association
Bourrer les urnes aux élections
Cracher contre tous les arrivistes
Mais tenir à la tête de liste

Gauchiste et calumet d'la paix
Fumant pétard pour me calmer
Certain que ça rend moins con
C'est comme ça qu'je claque mon pognon

Gauchiste du côté ouvrier
Mais préférant me maquiller
Un baroudeur sans les bretelles
C'est comme un maçon sans truelle

Vouloir faire péter le système
À part peut-être ma chère sacem
Crier halte à la souffrance
Juste pour la rime avec France

Gauchiste des années soixante
À la réplique cinglante
Défilant sur le macadam
Prêt à poignarder les gendarmes

Œuvre originelle : Etre une femme
C'est long, n'est-ce pas !

- Vanessa Paradis -

Tandem Sarko

Dans Sarko on aime
Ses poèmes
Quand son karcher il le dégaine
Comme il court toujours
Si un jour
Villepin ici nous l'amène
On l'dévisage
On l'met en cage
Et dès qu'un charter passe par là
On l'exile
Sur une île
Trois mille miles entre lui et moi
Dans Sarko on aime
Tandem
Sans harem
Cécilia c'est son stratagème
Un sacré dilemme
Tandem
Se surmène
Qu'est-ce que ça cache ?
Pas mon problème
Un sacré système
Phénomène
Mais devant Paris-Match devient blême
Comme il court toujours
Si un jour
Villepin ici nous l'amène

On l'dévisage
On l'met en cage
Et dès qu'un charter passe par là
On l'exile
Sur une île
Trois mille miles entre lui et toi
Dans Sarko on aime
Tandem
Sans harem
Cécilia c'est son stratagème
Un sacré dilemme
Tandem
Se surmène
Qu'est-ce que ça cache ?
Pas mon problème

Œuvre originelle :
Tandem (Serge Gainsbourg - Franck Langolff)
Interprète originelle : Vanessa Paradis

Doc le Sarko

Doc le Sarko
Y plaît pas partout
Son programme de soldat
Son bagout gris
Donne parfois des insomnies
Des cauchemars
Pas qu'aux loubards
Quand il lance
« *J'vais soigner la France* »
Faut qu'elle choque
La musique du doc
Plaise aux médias
Du rock bobos prolos
Doc le sarko
Ses réseaux
Télés ou radios
Radieux s'il parle
Il est ainsi
Doc - Doc - Doc
Faut qu'elle choque
La musique du doc de l'Est
Plaise aux médias
Du rock bobos prolos rappeurs
Go Sarko
Go Sarko
Go fonceur
D'la Hongrie vers son Everest
Doc le sarko
Au repos parfois
Doc le sarko
Ses migraines font loi

Doc - Doc – Doc
Doc le sarko
Ses réseaux
Télés ou radios
Radieux s'il parle
Les paquets cadeaux
Doc le sarko
Et le bla-bla-bli
Doc le sarko
Et le bla-bla-bli
Go Sarko
Go fonceur, vers son Everest

Œuvre originelle : Joe Le Taxi
Auteur : ETIENNE RODA GIL
Compositeur LANGOLFF HENRI
Interprète originelle : Vanessa Paradis

Cette chanson est interprétée par Frédérique Zoltane, dans le *CD SARKOZY SELON TERNOISE.*

- Alain Souchon -

J'veux mon 10 mai

Arrêtez tout avec Mazarine
Chapeau noir et goût des combines
Pèlerinage de Solutré en avril
Yves Saint Laurent bien sûr nous habille
Mais si je critique son héritage
Ce s'ra un naufrage (bis)
Mais si je critique son héritage
Ce serait dommage de perdre certains suffrages
J'veux un 10 mai des roses plein la rue
J'veux l'populo les parvenus
J'veux l'10 mai
Faut que j'sois soutenu

Passer par Jarnac en hiver
Prétendre c'était un visionnaire
Grand européen qui fit école
En politique aussi on a besoin d'idoles
Mais si je critique son héritage
Ce s'ra un naufrage (bis)
Mais si je critique son héritage
Ce serait dommage de perdre certains suffrages
J'veux un 10 mai des roses plein la rue
J'veux l'populo les parvenus
J'veux l'10 mai
Faut que j'sois soutenu

Arrêtez critiques comme dit Jack
Il faut préparer notre come-back

Ne pas répondre aux calomnies
Pardonner même à ses amis

Mais si je critique son héritage
Ce s'ra un naufrage (bis)
Mais si je critique son héritage
Ce serait dommage de perdre certains suffrages
J'veux un 10 mai des roses plein la rue
J'veux l'populo les parvenus
J'veux l'10 mai
Faut que j'sois soutenu

Œuvre originelle :
J'veux du cuir (Alain Souchon – David McNeil / Laurent Voulzy)

J'ai cinquante ans

Cinquante ans
Ça devait arriver
J'ai cinquante ans
Laissez-moi rêver
Qu'j'ai tout mon temps
Même si c'est surprenant
J'en suis content
J'me sens 'core jeune mais

Si tu m'dis qu'ça s'voit
Je t'appelle l'affreux Judas

Cinquante ans
Les matches de football
P'tit écran
Comme j'en raffole
Le gnangnan
Je trouve ça drôle
Forcément
On m'dit frivole

Si tu m'dis qu'ça s'voit
Je t'appelle l'affreux Judas

C'est chaque jour que j'm'balade
Je suis le roi d'la flemmarde
Quand je m'approche des jupes des filles mon cœur
                                        brille
Et les gars j't'en parle pas

Si tu m'dis qu'ça s'voit
Je t'appelle l'affreux Judas

Cinquante ans
Je vis dans des sphères
Où les gens
Sont millionnaires
On s'voit souvent
Pour le plan d'carrière des enfants
Faut bien être solidaire

Si tu m'dis qu'ça s'voit
Je t'appelle l'affreux Judas

Cinquante ans
Billets plein les poches
Cinquante ans
Les filles aiment ma Porsche
Cinquante ans
Laissez-moi rêver
Qu'j'ai tout mon temps

Si tu m'dis qu'ça s'voit
Je t'appelle l'affreux Judas

Je m'souviens de ma cabane
Des vacances en caravane
Je revois le petit môme s'moquant des bedonnants
J'fais du jogging en marchant

Cinquante ans
Ça devait arriver
Cinquante ans
Laissez-moi rêver
Qu'j'ai tout mon temps
Même si c'est surprenant
J'en suis content
J'me sens 'core jeune mais

Si tu m'dis qu'ça s'voit
Je t'appelle l'affreux Judas (ter)

Œuvre originelle :
J'ai dix ans.

Arlette

Quand Arlette tente la grande séduction
Y'a Souchon qui lui répond
Moi j'suis partant pour faire ta promotion
Une chanson pour les élections
Comme l'ont écrit Staline Lénine Trotski
Faut savoir se servir d'la bourgeoisie
C'est en promettant les plus belles cerises
Que la république s'ra prise

J'suis sûr qu'elle rit
Du nigaud
Arlette grandit
C'est trop beau

Quand Arlette tente sa plus grande imposture
Les mots qui sont caricatures
Apparaissent tout nouveaux aux sans mémoire
Qui f'ront les beaux dans l'isoloir
Elle a la dialectique bien soviétique
Du temps apparatchiks sympathiques
Des tristes matins du mur de Berlin
Quand on nous mordait la main

J'suis sûr qu'elle rit
Du nigaud
Arlette grandit
C'est trop beau

Arlette !

Comme Souchon les a canonisées
Pas b'soin de regarder les idées

C'est la grande caution intellectuelle
Du chanteur qui nous émerveille

J'suis sûr qu'elle rit
Du nigaud
Arlette grandit
C'est trop beau

J'suis sûr qu'elle rit
Du nigaud
Arlette grandit
C'est trop beau
J'suis sûr qu'elle rit

J'suis sûr qu'elle rit
Du nigaud
Arlette grandit
C'est trop beau

j'suis sûr qu'elle rit
Du nigaud
Arlette grandit
C'est trop beau

Arlette (bis)

Qu'Arlette mente il peut pas le croire Souchon !

Œuvre originelle : Arlette (Alain Souchon).

Page
http://www.ina.fr/media/entretiens/video/I04209413/alain-souchon-et-arlette.fr.html
Un document Alain SOUCHON et Arlette TARATATA du 23/10/1993 de 56s

Avec une précision qui reflète effectivement l'extrait :
"*Nagui interroge Souchon sur Arlette Laguiller sur laquelle il a écrit une chanson. Le chanteur dit son admiration pour cette femme qui s'exprime avec foi et passion comme l'Abbé Pierre selon lui.*"
Mais en 2002 Alain Souchon a reçu un choc ! Il ne chantera plus Arlette ! Il faudrait le féliciter ?

- *Savez-vous piquer des sous ?* -

2014...

Il existait la communauté de communes de Montcuq (16 communes) et la communauté de communes de Castelnau-Montratier (7 communes). De taille humaine à peu près équivalente. Depuis le 1er janvier 2014, elles ont fusionné. 23 communes. Environ 7800 habitants.
Ainsi est née la communauté de communes du Quercy Blanc avec "*pour ambition de développer des projets et d'améliorer les services proposés aux citoyens*" selon Jean-Claude BESSOU, membre du Prg, Conseiller Général du Canton de Castelnau-Montratier, la présidant...
Quand deux communautés fusionnent, naturellement, il s'agit d'apporter un meilleur service à moindre coût aux populations ?
Les indemnités annuelles cumulées des élus des anciennes communautés de communes atteignaient 42 000 euros, environ.
Pour le Jean-Claude Bessou BAND : 52916,46 euros.
Soit : +30% !
En première mesure censée marquer les esprits, le président normal FH2012 décréta une baisse du salaire des ministres de... 30%... C'est presque drôle...

Savez-vous piquer des sous ?

Savez-vous piquer des sous
À la mode

À la mode
Savez-vous piquez des sous
À la mode de Bessou

On les pique à Castelnau
Les gogos, les gogos oh
On les pique à Castelnau
Les gogos sont comme des veaux

Savez-vous piquer des sous
À la mode
À la mode
Savez-vous piquez des sous
À la mode de Bessou

On les pique jusqu'à Montcuq
Les gogos, les gogos oh
On les pique jusqu'à Montcuq
On t'entube jusqu'à la nuque

Savez-vous piquer des sous
À la mode
À la mode
Savez-vous piquez des sous
À la mode de Bessou

On les pique discrètement
30%, 30%
On les pique en s'augmentant
Président 7 vice-présidents

Savez-vous piquer des sous
À la mode

À la mode
Savez-vous piquez des sous
À la mode de Bessou

On les pique en souriant
Homme charmant, homme charmant
On les pique délicat'ment
En homme de bonne gauche forcément

Adaptation du glorieux « *savez-vous planquer les choux.* »

Note 2014 : aucun interprète ne s'est lancé dans l'aventure "je ne suis pas"... Ils avaient sûrement plus intéressant à vous proposer... Un spectacle "années 80" puisé dans ce livre pourrait pourtant intéresser un vaste public...

Stéphane Ternoise est né en 1968. Il publie depuis 1991. Il est depuis son premier livre éditeur indépendant.

Dès 2004, il a proposé des livres numériques, en PDF. Mais c'est en 2011 seulement que les ventes dématérialisées ont démarré. Son catalogue numérique (depuis mi 2011 distribué par Immateriel) a ainsi rapidement dépassé celui du papier, grâce à des essais, des livres de photos... tout en continuant la lente écriture dans les domaines du théâtre et du roman. Depuis octobre 2013, et son « identifiant fiscal aux États-Unis », son catalogue papier tend à rattraper celui en pixels.
http://www.livrepapier.com ou
http://www.livrepixels.com

Il convient donc, de nouveau, d'aborder l'auteur sous le biais de l'œuvre. Ainsi, pour vous y retrouver, http://www.ecrivain.pro essaye de fournir une vue globale. Et chaque domaine bénéficie de sites au nom approprié :
http://www.romancier.net
http://www.dramaturge.net
http://www.essayiste.net

http://www.lotois.fr

Vous pouvez légitimement vous demander pourquoi un auteur avec un tel catalogue ne bénéficie d'aucune visibilité dans les médias traditionnels. L'écriture est une chose, se faire des amis utiles une autre !

Catalogue (le plus souvent en papier et numérique, parfois uniquement les pixels, le travail de mise en page papier demandant plus de temps que d'heures disponibles)

Romans : (http://www.romancier.net)
Le Roman de la révolution numérique.
Ils ne sont pas intervenus (le livre des conséquences) également en version numérique sous le titre Peut-être un roman autobiographique
La Faute à Souchon ? également sous le titre *Le roman du show-biz et de la sagesse (Même les dolmens se brisent)*
Liberté, j'ignorais tant de Toi également sous le titre Libertés d'avant l'an 2000)
Viré, viré, viré, même viré du Rmi
Quand les familles sans toit sont entrées dans les maisons fermées

Théâtre : (http://www.theatre.wf)
Théâtre pour femmes
Théâtre peut-être complet
La baguette magique et les philosophes
Quatre ou cinq femmes attendent la star
Avant les élections présidentielles
Les secrets de maître Pierre, notaire de campagne
Deux sœurs et un contrôle fiscal
Ça magouille aux assurances
Pourquoi est-il venu ?
Amour, sud et chansons
Blaise Pascal serait webmaster
Aventures d'écrivains régionaux
Trois femmes et un amour
La fille aux 200 doudous et autres pièces de théâtre pour enfants
« Révélations » sur « les apparitions d'Astaffort » Brel / Cabrel (les secrets de la grotte Mariette)

Photos : (http://www.france.wf)
Montcuq, le village lotois
Cahors, des pierres et des hommes. Photos et commentaires
Limogne-en-Quercy Calvignac la route des dolmens et gariottes
Saint-Cirq-Lapopie, le plus beau village de France ?
Saillac village du Lot
Limogne-en-Quercy cinq monuments historiques cinq dolmens
Beauregard, Dolmens Gariottes Château de Marsa et autres merveilles lotoises
Villeneuve-sur-Lot, des monuments historiques, un salon du livre... *-Photos, histoires et opinions*
Henri Martin du musée Henri-Martin de Cahors - Avec visite de Labastide-du-Vert et Saint-Cirq-Lapopie sur les traces du peintre
L'église romane de Rouillac à Montcuq et sa voisine oubliée, à découvrir - Les fresques de Rouillac, Touffailles et Saint-Félix

Livres d'artiste (http://www.quercy.pro)
Quercy : l'harmonie du hasard
Lot, livre d'art
Jésus, du Quercy
Les pommes de décembre
La beauté des éoliennes

Essais : (http://www.essayiste.net)
Le manifeste de l'auto-édition - Manifeste politico-littéraire pour la reconnaissance des écrivains indépendants et une saine concurrence entre les différentes formes d'édition
Écrivains, réveillez-vous ? - La loi 2012-287 du 1er mars 2012 et autres somnifères
Le livre numérique, fils de l'auto-édition
Aurélie Filippetti, Antoine Gallimard et les subventions contre l'auto-édition - Les coulisses de l'édition française révélées aux lectrices, lecteurs et jeunes écrivains

Réponses à monsieur Frédéric Beigbeder au sujet du Livre Numérique (Écrivains= moutons tondus ?)
Comment devenir écrivain ? Être écrivain ? (Écrire est-ce un vrai métier ? Une vocation ? Quelle formation ?...)
Amour - état du sentiment et perspectives
Le guide de l'auto-édition numérique en France (Publier et vendre des ebooks en autopublication)
Copie privée, droit de prêt en bibliothèque : vous payez, nous ne touchons pas un centime - Quand la France organise la marginalisation des écrivains indépendants

Chansons : (http://www.parolier.info)
Chansons trop éloignées des normes industrielles
Chansons vertes et autres textes engagés
Chansons d'avant l'an 2000
Parodies de chansons - De Renaud à Cabrel En passant par Cloclo et Jacques Brel

En chti : (http://www.chti.es)
Canchons et cafougnettes (Ternoise chti)
Elle tiote aux deux chints doudous (théâtre)

Politique : (http://www.commentaire.info)
Ce François Hollande qui peut encore gagner le 6 mai 2012 ne le mérite pas
Nicolas Sarkozy : sketchs et Parodies de chansons
Bernadette et Jacques Chirac vus du Lot - Chansons théâtre textes lotois
Affaire Ségolène Royal - Olivier Falorni Ce qu'il faut en retenir pour l'Histoire - Un écrivain engagé, un observateur indépendant
François Fillon, persuadé qu'il aurait battu François Hollande en 2012, qu'il le battra en 2017

Notre vie (http://www.morts.info)
La trahison des morts : *les concessions à perpétuité discrètement récupérées - Cahors, à l'ombre des remparts médiévaux, les vieux morts doivent laisser la place aux jeunes...*
Cahors : Adèle et Marie Borie contre Jean-Marc Vayssouze-Faure - Appel à une mobilisation locale et nationale pour sauver les soeurs Borie...

Jeux de société
http://www.lejeudespistescyclables.com
La France des pistes cyclables - Fabriquer un jeu de société pour enfants de 8 à 108 ans
Le bon chemin pour Saint-Jacques-de-Compostelle

Autres :
La disparition du père Noël et autres contes
J'écris aussi des sketchs
Vive les poules municipales... et les poulets municipaux - Réduire le volume des déchets alimentaires et manger des oeufs de qualité

Œuvres traduites :
La fille aux 200 doudous :
- *The Teddy (Bear) Whisperer* (Kate-Marie Glover) - Das Mädchen mit den 200 Schmusetieren (Jeanne Meurtin)
- Le lion l'autruche et le renard :
- How the fox got his cunning (Kate-Marie Glover)

- Mertilou prépare l'été :
- The Blackbird's Secret (Kate-Marie Glover)

- *La fille aux 200 doudous et autres pièces de théâtre pour enfants (les 6 pièces)*
- La niña de los 200 peluches y otras obras de teatro para niños (María del Carmen Pulido Cortijo)

Parodies de chansons françaises

9	Renaud
9	Hexagone 40 ans plus tard
13	Putain d'élections 2007
15	Germaine Carla
18	Société j'suis à toi
20	Deuxième génération Sarkozy
23	Les Sarkos
26	Gérard Lambert 25 ans plus tard : mister Lambard
29	Hugues Aufray
29	C'est un fameux Sarko
31	Sarkozo Santiano
32	Adieu, monsieur le magouilleur
34	Francis Cabrel
34	Les promesses et la réalité Sarkozy
36	On s'moque de mes chansons
38	J'suis l'roi du gnangnan
40	Pire qu'un âne
42	Pas trop de peine
44	Demis
45	Un queutard
47	J'ai failli mourir
49	Petit abruti
51	Michel Polnareff
51	On vot'ra tous pour Sarkozy
53	On vot'ra tous pour Johnny

55	Carla Bruni
55	Ternoise m'a dit
57	Ternoise m'a dit V2
59	Serge Gainsbourg
59	Le footballeur du coup d'boule
62	Vieille fripouille
64	Bernadette Codron
65	La chanson de Jordy
66	Jacques Dutronc
66	Il est 6 heures, Montcuq s'endort
68	J'ai déjà goûté
69	Claude François
69	Bernadette aux Baumettes
71	Mal aux dents
73	Cette année-là présidentielle
75	Miss Bravitude
77	La Carla
79	Cécilia
80	Le Juppé tombé
82	George Bush sale bonhomme
84	Cru cru el
86	Joe Dassin
86	Gagner l'Elysée
87	Le Bayrou
89	De Villepin Dominique
91	Georges Brassens
91	La baillitude
93	Les véreux d'la République

96	Chansons pour les magouilleurs
98	Quand je pense à...
100	Rouget de Lisle : Hymne national Sarkozyste
102	Michel Delpech : Quand j'étais le boss
104	France Gall : Si Sarko si
106	Daniel Balavoine : Le Politicien : Nicolas Sarkozy
109	Fernandel : Sarkozy Aussi
111	Gérard Lenorman : Si j'étais l'entarteur
113	Henri Salvador : Gros Raffarin
115	Barbara : Sarkozy l'aigle noir
117	Chantal Goya : Ségolène
120	Léo Ferré : Les communistes
122	Gérard Manset : Il aime la terre
124	C Jérôme : Juppé, c'est moi
125	Boris Vian : L'Quercy n'veut pas mourir
127	Carlos : Des tartines
129	Luc Plamondon : Un gagneur pas comme les autres
131	Francis Lalanne : Pleure un bon coup mon p'tit sarko
134	Pierre Perret : Fusion Pierre Perret Sarkozy
138	Alain Bashung : Sarko Oh Sarko
140	Georges Moustaki : Le Sarko du métèque
142	J.J. Lionel : La danse du caviar
145	Maurice Chevalier : Les nouveaux poteaux de Sarko
147	Hervé Vilard : Jospin, c'est fini
150	Tino Rossi : Petite poupée Royal
152	Daniel Guichard : L'odieux
154	Jean-Jacques Goldman : Encore un pantin
156	Mike Brant : C'est ma cuillère
158	Grand Corps Malade : Le permis d'aimer

161	Sheila
161	Le roi de l'UMP
162	L'époque est aux gays
164	Chansons traditionnelles
164	L'empereur et le petit prince
165	Le bon roi Dagobert
167	Meunier, tu dors
168	La barbichette
169	Alouette
170	Ainsi font, font, font
171	Dansons la capucine
172	Il court, il court le furet
173	Vincent Delerm
173	Vincent Delerm pas moi
175	Le Vincent Velib
178	Jacques Brel
178	Dites, si Jospin se représentait
179	Ne déchire pas
182	Désolé Bay - let
185	Johnny Hallyday
185	Quelque chose de Raffarin
187	Quoi google
189	Un Juppé abandonné
191	Michel Sardou
191	Sardou et Sarkozy
192	Etre un gauchiste

196	Vanessa Paradis
196	Tandem Sarko
198	Doc le Sarko
200	Alain Souchon
200	J'veux mon 10 mai
202	J'ai cinquante ans
205	Arlette
208	2014... Savez-vous piquer des sous ?

Mentions légales

Tous droits de traduction, de reproduction, d'utilisation, d'interprétation et d'adaptation réservés pour tous pays, pour toutes planètes, pour tous univers.

Dépôt légal à la publication au format ebook du 16 septembre 2011.

Imprimé par CreateSpace, An Amazon.com Company pour le compte de l'auteur-éditeur indépendant.
livrepapier.com

EAN 9782365415552
ISBN 978-2-36541-555-2

Parodies de chansons françaises
(De Renaud à Cabrel En passant par Cloclo et Jacques Brel) de Stéphane Ternoise
© Jean-Luc PETIT - BP 17 - 46800 Montcuq - France

www.ingramcontent.com/pod-product-compliance
Lightning Source LLC
Chambersburg PA
CBHW062207080426
42734CB00010B/1822